孟子智慧

刘瑾辉 著 刘

復旦大學出版社

目　　录

导读 ··· 1

第一章　孟子政治智慧 ··· 1
第一节　以民为本 ··· 1
第二节　仁者无敌 ··· 8
第三节　尊王黜霸 ··· 19

第二章　孟子经济智慧 ··· 24
第一节　崇井田　正经界 ···································· 25
第二节　薄赋税　轻徭役 ···································· 28
第三节　社会分工与通功易事 ································ 34

第三章　孟子哲学智慧 ··· 42
第一节　性善论 ·· 42
第二节　天人合一思想 ·· 51
第三节　和谐论 ·· 54

第四章　孟子伦理智慧 ··· 63
第一节　明鉴人伦 ··· 64
第二节　以义待利 ··· 75
第三节　"大丈夫"人格气节 ································· 80

第五章　孟子文学智慧 …………………………… 86
第一节　文学思想 …………………………… 86
第二节　论辩艺术 …………………………… 97
第三节　成语蕴涵 …………………………… 105

第六章　孟子教育智慧 …………………………… 116
第一节　昭己方可昭人 …………………………… 116
第二节　因材施教 …………………………… 119
第三节　启发诱导 …………………………… 124
第四节　循序渐进 …………………………… 126
第五节　专心有恒 …………………………… 129
第六节　深造自得 …………………………… 131

第七章　孟子管理智慧 …………………………… 136
第一节　人性本善的管理理论依据 …………………………… 136
第二节　人际和谐的理想管理境界 …………………………… 139
第三节　义利统一的管理价值追求 …………………………… 142
第四节　执中用权的科学管理方法 …………………………… 145
第五节　选贤任能的惜才用人原则 …………………………… 149
第六节　携众乐乐的多赢管理思维 …………………………… 153
第七节　以德服人的情感管理模式 …………………………… 155
第八节　兼听则明的民主管理理念 …………………………… 158

第八章　孟子人生智慧 …………………………… 162
第一节　存心养性 …………………………… 162
第二节　立志养气 …………………………… 165
第三节　反求诸己 …………………………… 169

目　录

第四节　知耻改过 …………………………………… 172
第五节　磨炼意志 …………………………………… 175
第六节　独善其身　兼善天下 ……………………… 178
第七节　贤者在位　能者在职 ……………………… 181
第八节　有不为方可有所为 ………………………… 184
第九节　生于忧患　死于安乐 ……………………… 187
第十节　仁者爱人　礼者敬人 ……………………… 190

结语 ………………………………………………… 195

参考文献 …………………………………………… 196

附录一　孟子赞 …………………………………… 197
附录二　孟母赞 …………………………………… 199

导　　读

　　孟子(约公元前 372—公元前 289)，名轲，字子舆，战国中期邹(今山东省邹城市)人，是孔子学说的继承者，与孔子合称孔孟，孔子是至圣，孟子是亚圣。中国古代著名思想家，教育家，政治家和文学家，战国时期儒家学派代表人物。

　　孟子远祖是鲁国贵族孟孙氏，后家道衰微，从鲁国迁居邹国。孟子三岁丧父，孟母艰辛地将他抚养成人，孟母管束甚严，广为流传的"孟母三迁"、"孟母断织"等故事，成为千古美谈，是后世母教之典范。孟子的身世缺乏明确记载，据刘向《列女传》和赵岐《孟子题辞》说，孟子曾受教于孔子的孙子子思[1]，但从年代推算，似乎不可信。司马迁《史记》说他"受业子思之门人"[2]，较为可信。

　　《孟子》一书是孟子的言论汇编，由孟子及其弟子共同编写而成，是记录孟子政治、经济、哲学、伦理等思想的儒家经典。孟子曾仿效孔子，率领门徒游说各国。但他的政治主张不被当时各国所接受，所以回到家乡聚徒讲学，与学生万章等人著书立说，"序《诗》《书》，述仲尼之意，作《孟子》七篇"[3]。虽然赵岐认为《孟子》是"拟圣而作"[4]，但《汉书·艺文志》仅把《孟子》列在诸子略中，视为子书，实际上在汉代人的心目中已经把它看作辅助"经书"的"传"书了。汉文帝把《论语》《孝经》《孟子》《尔雅》各置博士，便叫"传记博士"。自唐韩愈的《原道》将孟子列为先秦儒家中唯一继承孔子"道统"的人物开始，出现了一个孟子的"升格运动"，孟子

---

[1] 〔清〕焦循:《孟子正义》,中华书局,1987年,第8页。
[2] 〔汉〕司马迁:《史记·孟子荀卿列传》,中华书局,2000年,第1839页。
[3] 〔汉〕司马迁:《史记·孟子荀卿列传》,中华书局,2000年,第1839页。
[4] 〔清〕焦循:《孟子正义》,中华书局,1987年,第9页。

的地位逐渐提升。孟子的思想理论对宋代学术文化影响很大,宋代理学基本建立在孟子哲学思想之上。北宋神宗熙宁四年(1071),《孟子》一书首次被列为科举考试科目之一,北宋徽宗宣和年间(1119—1125)《孟子》一书升格为儒家经典入经。北宋程颢、程颐将《大学》《中庸》《论语》《孟子》合为《四书》,南宋光宗绍熙元年(1190)朱熹作《四书章句集注》,其后《四书》成为科举考试必读书目,《孟子》地位更加显赫。元朝至顺元年(1330),孟子被加封为"亚圣公",此后就称孟子为"亚圣",地位仅次于孔子。孟子思想和孔子思想合称为"孔孟之道"。《孟子》是《四书》中篇幅最大的一部,有三万八千多字。从宋至清末,《四书》一直是科举必考内容。《孟子》说理畅达,气势恢宏并长于论辩,逻辑严密,尖锐机智,也是先秦散文的杰出代表。

《孟子》与《论语》都是以记言为主的语录体散文,但它较《论语》又有明显的发展。《论语》的文字简约含蓄,《孟子》却有许多长篇大论,且气势磅礴,议论尖锐、机智而雄辩。如果说《论语》给人的感觉是仁者的谆谆告诫,那么《孟子》给人的感觉就是侃侃而谈,对后世的散文创作产生了深刻的影响。《论语》中,孔子只讲什么好、什么不好、什么应该、什么不应该,很少长篇大论地摆事实讲道理;而《孟子》的主要篇幅都用来讲"为什么"。孟子认为,只要道理讲明白了,人们就会自然而然地弃恶从善、悠然而化了。所以,他非常看重理论体系的建立与内在的完美。他从忠恕仁义讲到尽心,从尽心讲到天命,把天命当作宇宙间一切的渊源与准则。《论语》不是侧重讨论哲学的书,而《孟子》却充满了哲学韵味。

孟子思想博大精深。政治上提倡"民为贵,社稷次之,君为轻";主张具仁心,施仁政;明言尊王道,黜霸道。经济上提出恢复井田制度,授田于民,薄赋税,轻徭役,不误农事,制民之产;肯定社会分工,赞成通工易事。性善论、天人合一思想、和谐论等哲学思想影响深远。伦理观独到精深,强调父子有亲、君臣有义、朋友有信;崇尚舍生取义、先义后利、以义取利;倡言富贵不能淫、贫贱不能移、威武不能屈的大丈夫气节。重视道德教育和意志磨炼,主张因材施教，启发诱导，循序渐进。孟子的管理思想，以人性善为理论依据，以人际和谐为理想境界，以义利统一为价值标准，以选贤任能为用人原则，富有智慧，极具个性。孟子"知人论世"、"以意逆志"、"知言养气"的文艺思想影响大；其循循善诱、层层深入、因势利导、引君入彀、取譬设喻的辩论艺术，古今称赞；孟子成语明白晓畅，意蕴幽深。孟子的存心养性、立志养气、反求诸己、知耻改过、磨炼意志的德性修养理论，启迪人生。穷则独善其身，达则兼善天下；贤者在位，能者在职；有所不为，而后方可有为；生于忧患，死于安乐；仁者爱人，礼者敬人的修、齐、治、平的学说，富有哲理，影响深远。

《孟子》是入世哲学，所以历代统治者关注《孟子》，借助它教化民众，安邦治国；学者研治它，陶冶情操，丰富思想，提高学识。

第一章　孟子政治智慧

孟子的政治思想是对孔子政治思想的继承和发展。孟子曰："伯夷，圣之清者也；伊尹，圣之任者也；柳下惠，圣之和者也；孔子，圣之时者也。孔子之谓集大成。集大成也者，金声而玉振之也。金声也者，始条理也；玉振之也者，终条埋也；始条理者，智之事也；终条理者，圣之事也。"①孔子学说具有"集大成"特性。所谓"集大成"是指其学说思想具有集往成开后说的性质。孔子之学在于以仁爱精神唤起人的道德理性和社会伦理责任，进而影响中国传统文化的历史走向，使中国传统文化带有浓郁的道德理性主义色彩。孟子在发展孔子"仁"学思想同时，将伦理和政治紧密结合起来，强调道德修养是政治的根本。强调"天下之本在国，国之本在家，家之本在身"②。将孔子的德治思想，发展为仁政学说，成为其政治思想的核心。孟子政治上主张以民为本，施行仁政，尊王黜霸，充分体现孟子"善"的政治价值取向和理想追求，对中国古代政治生活具有深远的影响。

第一节　以 民 为 本

"民为贵，社稷次之，君为轻"③、"得天下有道：得其民，斯得天下矣；得其民有道：得其心，斯得民矣"④，此乃孟子以民为本思

---

① 《孟子·万章章句下》，为了便于读者检索不同版本《孟子》原文，故本文只注明《孟子》各篇之上、下篇，下同。
② 《孟子·离娄章句上》。
③ 《孟子·尽心章句下》。
④ 《孟子·离娄章句上》。

想的标志性表述,是中国传统政治文化中极具进步性的思想主题,它是以人民为国家政治本体的一种思想体系。孟子认为人民是社会和国家的根基,人民创造的财富是社会存在与发展以及统治者维持统治的基础,民心的向背决定天下的得失。统治者只有得到百姓的支持和拥护,才能巩固自己的统治,方可治理好国家。孟子高扬了民的地位和作用,体现了社稷可变,君主可换,而民众不可易的思想;主张以民为主体,以民为本位,希望为政者"听于民"。换言之,统治者要想得到百姓的支持和拥护,必须做到爱民、教民、化民、富民、惠民。

民本思想是中国儒家传统文化的重要内容,古已有之。孟子把民本思想发展为一个相对完整的体系,而且尤为可贵的是他的民本思想中包含着许多民主的因素。《礼记》曰:"古之为政,爱人为大。"①人为国本,就是民为国本;为政之道,爱人为大,即爱民为大。强调国家行政应以爱民为首要目标。《礼记》又曰:"大道之行也,天下为公。"②在大道施行、国家大治的时候,天下是百姓所公有的。《尚书》曰:"民之所欲,天必从之。"③人民所希望的事情,上天也必然顺从。即天意顺应民意,民意就是天意。《尚书》还曰:"民惟邦本,本固邦宁。"④人民是国家的根本,根本稳固了,国家自然安定。所谓民本,就是立国安邦必须一切以老百姓为出发点。民本思想在中国发轫极早,早在殷商时期就有"天聪明,自我民聪明。天明畏,自我民明威"⑤的思想,意思是说上天的视听赏罚皆依从臣民的视听赏罚。但民本思想的最终确立却是由孟子完成的,孟子把民本思想发展为一个相对完整的体系。孟子的民本思想至少包含两方面内容。

一、民贵君轻

孟子曰:"民为贵,社稷次之,君为轻。是故得乎丘民而为天子,得乎天子为诸侯,得乎诸侯为大夫。诸侯危社稷,则变置。牺牲既成,粢(zī,本义为古代供祭祀用的谷物,泛指谷物)盛既洁,祭祀以时,然而旱干水溢,则变置社稷。"⑥孟子认为:人民最为宝贵,土神和谷神次之,君主为轻。得到老百姓承认者就可以成为天子,得到天子承认者就可以成为诸侯,得到诸侯承认者就可以成为大夫。诸侯危害社稷国家,就可另外改立。用作祭祀的牲畜已经长成,用作祭祀的粮食已经洁净,就按时祭祀,但仍发生旱灾水灾,那么就可另外改换土神和谷神。"民为贵",是说人民的地位与权力是至高无上、不可动摇的。一切政治权力与政治制度,从根本来说,都是来自人民、为了人民。"社稷次之",社稷在古代

---

① 李学勤主编:《礼记正义》,北京大学出版社,1999年,第1375页。
② 李学勤主编:《礼记正义》,北京大学出版社,1999年,第658页。
③ 李学勤主编:《尚书正义》,北京大学出版社,1999年,第274页。
④ 李学勤主编:《尚书正义》,北京大学出版社,1999年,第177页。
⑤ 李学勤主编:《尚书正义》,北京大学出版社,1999年,第109页。
⑥ 《孟子·尽心章句下》。

指土地神和谷神,山川大地,五谷物产,乃是养育人民建立国家的物质基础,当然十分重要。后来社稷就成了国家的代名词,也可以说"社稷"就是国家。作为一个国家,当然要有制度,要有宪法。但制度也好,宪法也罢,终究还是来自人民、为了人民,所以社稷的地位次于人民。"君为轻",是说相对于民与社稷来说,君的地位并不那么重要。因为君的地位与权力是民赋予的,没有民就没有君,所以君不可与民相提并论。社稷是一个国家存在的基础,一个国家没有政体,没有宪法制度就无所谓国。一个国家死了一个国君,仍然不失为一个国家;若是没有了社稷,国家也就不复存在了,国家不存在,"君"也就不君了。所以国君的地位也不能跟社稷相提并论。得到广大人民的推举,才有资格做天子;得到天子的任命,才可以做诸侯;得到诸侯的任命,才可以做大夫。可见一切政治权力,从根源上来说,都是来自百姓。君主如果危害到社稷,危害到国家的利益,就应该将他罢免撤换。所以民的地位不仅在君之上,而且在国家(社稷)之上。因为国家的权力也是人民所赋予的,国家的利益应当是人民的根本利益的充分体现,所以从逻辑上来说,必须置民众的地位于国家之上。孟子"民为贵,社稷次之,君为轻"之论,是希望君主能以爱护人民为先,希望统治者能代表老百姓的根本利益,一切政策以老百姓为出发点,保障和维护老百姓的利益,一切法律从根本上都是为了保护老百姓的人身权利。孟子言"民贵君轻"的目的是希望统治者能吸取历史的经验教训,重视黎民,关爱百姓,以此实现国家的长治久安。

孟子的民本思想对后世影响很大。汉代的陆贾推举儒家的仁义学说,提出以民为本的政治理想。唐初政治家魏征依托孟子的"民贵君轻"之说,提出了"君好比舟,民好比水,水能载舟,亦能覆舟"的思想,劝诫统治者要尊民爱民、居安思危。唐太宗李世民深刻吸取了隋亡的教训,非常注意调和阶级矛盾。他对民众力量的认识是十分深刻的:"无道则人弃而不用,诚可畏也。"[①]进而提

---

① 〔唐〕吴兢:《贞观政要》卷一,明洪武三年王氏勤有堂刻本。

第一章 孟子政治智慧

出:"国以民为本,人以食为命,若禾不登,则兆庶非国家所有。"①意为减少对从事农业生产的民众的干扰,让民众安心地从事生产,减轻赋税,这是"贞观之治"的重要保障。李世民的"国以民为本"与孟子的"民为贵,社稷次之,君为轻"是相通的。唐太宗不仅考虑到用仁政来治理国家,还用民本思想来教育后代。他在《自鉴录》中言:"舟所以比人君,水所以比黎庶;水能载舟,亦能覆舟,尔方为人主,可不畏惧?"②唐太宗充分意识到人民是社会变革的决定性力量,君主要想稳固统治地位,就必须获得人民的支持,否则就会被人民推翻。

二、得民心者得天下

所谓得民心者得天下,指的是最高统治者获得天下的唯一途径就是获得民众拥护。要想获得民众拥护必须获得民心;要想获

---

① 〔唐〕吴兢:《贞观政要》卷八,明洪武三年王氏勤有堂刻本。
② 〔唐〕李世民:《唐太宗集》,中华书局,1986年,第181页。

得民心就要思民之所思,忧民之所忧,急民之所急。

孟子反对虐政,"暴其民甚,则身弑国亡。不甚,则身危国削"①。他劝说统治者不要残害百姓,如果暴虐百姓太厉害,就会丧身亡国。不太厉害,也会身陷危境且国力减弱。孟子反对株连,提出"罪人不孥"。他说:"昔者文王之治岐也,耕者九一,仕者世禄,关市讥而不征,泽梁无禁,罪人不孥。"②意思是说:从前周文王在治理岐周的时候,对农民的税率是九分抽一,对做官的人给以世代承袭的俸禄;在关卡和市场上,只稽查,不征税;任何人到湖泊捕鱼,都不加禁止。对于犯罪的人,刑罚只施于本人,不牵连到他的妻室儿女。在孟子看来,英明的君主应该对百姓施行"仁政",应该宽民、爱民,应该"与民同乐"。《孟子》中有这样一段经典对话:今王鼓乐于此,百姓闻王钟鼓之声,管籥之音,举疾首蹙頞(cù è,皱缩鼻翼,愁苦的样子)而相告曰:"吾王之好鼓乐,夫何使我至于此极也?父子不相见,兄弟妻子离散。"今王田猎于此,百姓闻王车马之音,见羽旄之美,举疾首蹙頞而相告曰:"吾王之好田猎,夫何使我至于此极也?父子不相见,兄弟妻子离散。"此无他,不与民同乐也。今王鼓乐于此,百姓闻王钟鼓之声,管籥之音,举欣欣然有喜色而相告曰:"吾王庶几无疾病与,何以能鼓乐也?"今王田猎于此,百姓闻王车马之音,见羽旄之美,举欣欣然有喜色而相告曰:"吾王庶几无疾病与,何以能田猎也?"此无他,与民同乐也。今王与百姓同乐,则王矣。③孟子在这里举了欣赏音乐和打猎两个例子,试图告诫梁惠王不要将自己的快乐建立在人民的痛苦之上。作为统治者,应尽力去关心人民的疾苦,努力施行"仁政",使人民的基本生活得到保障,确实做到以民为本,"与民同乐"。

孟子从桀、纣覆灭的历史教训中,分析天下得失的根本原因:"桀、纣之失天下也,失其民也;失其民者,失其心也。得天下有

---

① 《孟子·离娄章句上》。
② 《孟子·梁惠王章句下》。
③ 《孟子·梁惠王章句下》。

道:得其民,斯得天下矣;得其民有道:得其心,斯得民矣。"①夏朝末代君王桀,荒淫无度,暴虐无道,尽失民心,是历史上有名的暴君,后被商汤所灭,失了天下。商朝末代君王纣,造酒池,悬肉林,杀比干,囚箕子,失去人心,后为武王所灭,失了天下。孟子认为:夏桀、商纣之所以失去天下,是因为失去了百姓;他们之所以失去百姓,是因为失去了百姓的心。取得天下的根本路径就是得到百姓,得到百姓就会得到天下;得到百姓的根本路径是得到百姓的心,得到百姓的心就会得到百姓的拥护。得民心的根本路径是满足百姓之所求,并不强加给百姓之所恶,如此便可得天下。

唐代著名史学家吴兢曾说:"怨不在大,可畏惟人,载舟覆舟,所宜深慎。"②意思是:怨恨不在于大小,可怕的是众人之怨恨;水能载船也能够颠覆船,这是应该深切警惕的。"得民心者得天下"之民心就相当于是水,天下之"船"要想浮起来,就要靠水,就是靠民心。当国君获得了民心,那就等于得到天下了。换言之,民心等于天下! 所以孟子曰:"汤始征,自葛载,十一征而无敌于天下。东面而征,西夷怨;南面而征,北狄怨,曰:'奚为后我?'民之望之,若大旱之望雨也。"③孟子说:成汤的征讨,从葛国开始,先后征伐十一次而无敌于天下。他向东征讨,西边的夷族人便埋怨;向南征讨,北方的狄族人便埋怨,都说:"为什么把我们放在后面呢?"老百姓盼望他,就像大旱时候盼望雨水一样。孟子在此强调:天下之得失在于能否得民,而能否得民又在于能否真正得到"民心",即能否得到民众真心实意地拥护。桀、纣之失民,实际是失去了民心。汤、武之所以无敌于天下,就在于"四海之内皆举首而望之",顺应了天下民众之心。孟子的民本学说是中国传统文化中极具进步性的思想,因为是否重视人民,影响政治的成败,民心向背决定国家的兴衰。据说三国时期魏国杰出的政治家、军事家、战略家司马懿临终前对司马师和司马昭说:得民心者得天下;

---

① 《孟子·离娄章句上》。
② 〔唐〕吴兢:《贞观政要》卷一,明洪武三年王氏勤有堂刻本。
③ 《孟子·滕文公章句下》。

得君子之心者得诸侯；得诸侯之心者得士大夫。明显是继承和发展了孟子"得民心者得天下"的思想。

第二节 仁者无敌

孟子曰："彼夺其民时，使不得耕耨以养其父母。父母冻饿，兄弟妻子离散。彼陷溺其民，王往而征之，夫谁与王敌？故曰：'仁者无敌。'王请勿疑！"①意思是说：有仁爱之心的人是没有敌人的。这是孟子劝梁惠王行仁政之言。孟子"仁政"学说是对孔子"仁"学思想的继承和发展。孔子的"仁"是一种含义极广的伦理道德观念，其最基本的精神就是"爱人"。孟子从孔子的"仁"学思想出发，把它扩充发展成包括政治、经济、文化等多方面的施政纲领，就是"仁政"。孟子"仁政"学术包含：

一、"春秋无义战"

孟子生于一个战乱的年代，诸侯争霸的时代刚刚结束，随之又进入一个相互兼并、弱肉强食的时代。孟子曾说"春秋无义战"②，然而孟子所在的年代，战争的惨烈程度远胜于春秋。故而孟子曾说："今之诸侯，五霸之罪人也。"③春秋之五霸，虽然互相争霸，战争不已，但是也有"凡我同盟之人，既盟之后，言归于好"④的约定。五霸的盟约实有早期国际法的意味，因此，孟子认为今之诸侯，五霸之罪人也。在这样的战争年代，孟子当然发自内心的反对兼并战争，因为战争太残酷，主张以"仁政"统一天下。孟子在任何时候、面对任何对象的谈话中，都激烈地抨击生灵涂炭、践踏国计民生的战争。他最具代表性的表述是"春秋无义战"，他认为刚刚过去的春秋时代，没有一场战争是正义的。在孟子看

---

① 《孟子·梁惠王章句上》。
② 《孟子·尽心章句下》。
③ 《孟子·告子章句下》。
④ 李学勤主编：《春秋左传正义》，北京大学出版社，1999年，第358页。

来,春秋战国时期诸侯国之间的战争都是非正义的,其真正的目的都是为了满足他们永远没有穷尽的贪欲。因此,那些为国君出谋划策,攻城略地的"谋士"是一批丧尽天良的人,应该受到最严厉的惩罚。

孟子曰:"争地以战,杀人盈野;争城以战,杀人盈城。此所谓率土地而食人肉,罪不容于死。故善战者服上刑,连诸侯者次之,辟草莱、任土地者次之。"①意思是说:为争夺地盘而战,往往杀人遍野;为掠夺城池而战,往往杀人满城;这就是所谓的为了土地而吃人肉,这些人死刑都不能赎出他们的罪过。所以好战的人应该受最严重的刑罚,从事合纵连横的人该受次一等的刑罚,为了增加赋税而驱使百姓开辟荒野的人该受又次一等的刑罚。孟子反对战争,因为战争杀人遍野,杀人满城,发动战争者犹如吃人肉,禽兽不如,死有余辜。

---

① 《孟子·离娄章句上》。

孟子曰:"今之事君者皆曰:'我能为君辟土地,充府库。'今之所谓良臣,古之所谓民贼也。君不乡道,不志于仁,而求富之,是富桀也。'我能为君约与国,战必克。'今之所谓良臣,古之所谓民贼也。君不乡道,不志于仁,而求为之强战,是辅桀也。由今之道,无变今之俗,虽与之天下,不能一朝居也。"①孟子说:如今侍奉君主的人都说:"我能替君主开拓疆土,充实府库。"如今所谓的良臣,就是古时候的民贼。当今君王不走过去圣君的道路,不立志于爱民,而是求富贵,就等于是富有的夏桀王。又说:"我能替君主盟约其他国家,打仗肯定能取胜。"如今所谓的这些良臣,就是古时候的民贼。当今君王不走过去圣君的道路,不立志于爱民,所谓良臣却为他求取强大而战,就等于是辅助君主当夏桀王。按照现今的道路,而不改变当今的恶风劣俗,即使把整个天下给他,他连一天都不能占据。孟子认为:凡是夸口能替君主开拓疆土者、能替君主打胜仗者,都是民贼。贼,会意字,从戈,则声。从戈,刀毁贝。本义:残害;伤害。延伸义:杀人抢劫,即匪也。也就是说这些人是邪恶、不正派的,是危害人民的人。这些人完全不考虑在他辅政的国家里实现仁政,率土地而食人肉,为了满足国君的贪欲不惜连年发动战争,把人民和国家都推向灾难的深渊,这种人当然是罪不容赦的"民贼"。良臣应辅君以道,立志爱民,不鼓动君主以战争求取强大。孟子不仅称那些不引导自己国君"志于仁"的人是"民贼",还讽刺、揭露无才无德却又贪欲无穷的国君嘴脸。《孟子》中有一段孟子与他人的对话:"孟子见梁襄王,出,语人曰:'望之不似人君,就之而不见所畏焉。'卒然问曰:'天下恶乎定?'吾对曰:'定于一。''孰能一之?'对曰:'不嗜杀人者能一之。'"②孟子见了梁襄王,出来以后告诉人说:"远看不像个国君,走近了也看不出威严的样子。"梁襄王还问孟子:"天下要怎样才能安定?"孟子回答说:"要统一天下才会安定。"他又问:"谁

---

① 《孟子·告子章句下》。
② 《孟子·梁惠王章句上》。

能统一天下呢?"孟子回答:"不喜欢杀人的国君能统一天下。"由此可知,孟子内心十分鄙视梁襄王,但孟子又不能直接斥责他,而是采取形象思维的手法,从梁襄王的外貌入手,来刻画他内心世界的贫乏与无能、无智。所以接着说:"'孰能与之?'对曰:'天下莫不与也。王知夫苗乎?七八月之间旱,则苗槁矣。天油然作云,沛然下雨,则苗浡然兴之矣。其如是,孰能御之?今夫天下之人牧,未有不嗜杀人者也。如有不嗜杀人者,则天下之民皆引领而望之矣。诚如是也,民归之,由水之就下,沛然谁能御之?'"①梁襄王又问孟子:有谁愿意跟随不喜欢杀人的国君呢?孟子再答:天下的人没有不愿意跟随他的。大王了解禾苗生长吗?当七八月间的时候,若长时间不下雨,禾苗就会干枯。一旦天上乌云密布,哗啦哗啦下起大雨来,禾苗便会茂盛地生长起来。这样的情况,谁能够阻挡得住呢?如今各国的国君,没有一个不喜欢杀人的。如果有一个不喜欢杀人的国君,那么,天下的老百姓都会伸长脖子期待着他来解救。真像这样,老百姓归服他,就像雨水向下奔流一样,哗啦哗啦谁能阻挡得住呢?孟子将梁襄王的超常贪欲通过比喻和对比的手法展现出来,从而形成了认知上的鲜明对比,达到了绝佳的讽刺效果。在孟子的笔下,梁襄王的父亲梁惠王也是一位"弃甲曳兵而走"、"以五十步笑百步"的昏君;齐宣王虽"四境之内不治",但在公元前 314 年因为燕要"杀其父兄,系累其子弟,毁其宗庙,迁其重器"②,而发动了对燕国的战争,不仅视齐国百姓生命于不顾,使本就置身于水深火热中的燕国人民"水益深"、"火益热"。孟子认为此乃不义战争,必将"动天下之兵",生灵涂炭,引发灾难。孟子反对诸侯之间不义战争,是对天下苍生寄予了深切地同情,这是孟子仁政学说的根本出发点。所以孟子明确指出:国君在任何时候,在任何情况下,"行一不义,杀一不辜,而得天下,皆不为也"③。

---

① 《孟子·梁惠王章句上》。
② 《孟子·梁惠王章句下》。
③ 《孟子·公孙丑章句上》。

战国时期的思想家，除了法家，无论儒家还是道家，对于战争基本上都是很厌恶的。然而，儒家的代表孟子对于战争的观点却有独到之处。孟子对于战争不是一味厌恶，而是看重战争的正当性，因此孟子说"征之为言正也"。孟子关于战争正当性的讨论主要有以下几点：首先，战争的目的不是追求自己的私利，不是为了扩大疆土、争夺城池和人民，孟子反对"率土地而食人肉"的战争。正是因为孟子看到了当时的各国之间的战争大多起于君主的贪婪和私欲，孟子才十分重视"义利之辨"，大声疾呼"何必曰利"？孟子所关注的义利之辨大体立于君臣之间，孟子反对臣子以"利"游说君主，其实质是反对君主扩大自己的私欲而贪得无厌，君主最大的欲不在于衣食之美、妻妾之养，而在于称霸于天下，这样的贪欲私利必然导致无休止的战争。孟子轻视"利"绝不代表孟子像后人想象的那样是忽视个人利益的迂腐夫子，实际上孟子反对的"利"主要是君王之利。孟子曾以孔子对为季氏求富的冉求的讨伐为例子，指出如果不行仁政，而一味地追求私利，那就

是背叛孔门,如果再是为了土地而不惜发动战争杀害百姓,那就是犯罪。其次,孟子主张施行仁政的天吏之国可以讨伐那些倒行逆施的君主。然而需要注意的是,孟子所主张的天吏之国的讨伐有两个正当性前提:第一,讨伐的对象应该是那些倒行逆施的君主,而不是对一个国家及平民发动战争,故而孟子说要"反其旄倪,止其重器,谋于燕众,置君而后去之"①;第二,征讨倒行逆施者的国家本身必须内政修明施行仁政,否则就是以纣诛桀。孟子说仁者无敌的意义也就是这个意思,孟子主张仁者无敌、"不耆杀人者能一之"的重点在于告诫统治者施行仁政,而不在于追求无敌或者天下一统,首先是要求君主志于仁,使自己国内的百姓安居乐业。故而孟子说:"君不乡道,不志于仁,而求为之强战,是辅桀也。"

二、有恒产者有恒心

"有恒产者有恒心",体现了孟子"仁政"的主张。孟子认为实行"仁政",就必须"制民恒产",让每家农户有百亩之田,五亩之宅,有起码的生产资料。生活富足,侍奉父母、养活妻儿无忧,老百姓就能保持与生俱来之善心。故孟子曰:"民事不可缓也。《诗》云:'昼尔于茅,宵尔索绹;亟其乘屋,其始播百谷。'民之为道也,有恒产者有恒心,无恒产者无恒心。苟无恒心,放辟邪侈,无不为已。及陷乎罪,然后从而刑之,是罔民也。焉有仁人在位罔民而可为也?"②

孟子认为:老百姓的事情是刻不容缓的,《诗经》上说:"白天赶紧割茅草,晚上搓绳到通宵。抓紧时间补漏房,开年又要种百谷。"有一个基本的生活道理:有固定产业的人,才会有道德观念和行为准则,没有固定产业的人就没有道德观念和行为准则。如果人没有道德观念和行为准则,就会放荡任性,胡作非

---

① 《孟子·梁惠王章句下》。
② 《孟子·滕文公章句上》。

为,无恶不作。等到他们犯了罪,然后对他们施以刑罚,这等于是设下网罗陷害民众。哪有仁爱百姓的国君当政,却干出陷害百姓的事呢?孟子的态度是:老百姓有固定的产业和收入,衣食无忧,就会有坚定的道德信念;假若没有一定的产业和收入,温饱得不到保障,也就不会有坚定的道德信念。如果没有坚定的道德信念,就会胡作非为,违法乱纪,什么坏事都能干得出来。他们只有生活有保障才能够安心踏实过日子,不生事不闹事。否则他们就会觉得未来无望,为了生存和眼前利益,会不顾礼义,无所不为。如果民不聊生,社会就不可能稳定,国家也就不可能长治久安。如何能使民有"恒产"呢?孟子曰:"不违农时,谷不可胜食也;数罟(shuò gǔ,细密的渔网)不入洿(wū,大)池,鱼鳖不可胜食也;斧斤以时入山林,材木不可胜用也。谷与鱼鳖不可胜食,材木不可胜用,是使民养生丧死无憾也。养生丧死无憾,王道之始也。五亩之宅,树之以桑,五十者可以衣帛矣。鸡豚狗彘(zhì,猪)之畜,无失其时,七十者可以食肉矣。百亩之田,勿夺其时,数口之

家可以无饥矣。"①意指：不在农忙时征徭役，不影响农民耕种收割，那么老百姓粮食就吃不完。细密的渔网不入池塘，水生态不被破坏，那么鱼鳖水产就吃不完。砍伐林木有定时，森林资源合理利用，那么木材就使用不尽。粮食和鱼类吃不完，木材用不尽，这样老百姓就能够养活家小，死葬没有什么后顾之忧。老百姓养生葬死没有缺憾，这正是王道的开始。在五亩大的宅园里，种上桑树，上了五十岁的人就可以穿着丝绸衣服。鸡鸭猪狗不失时节地繁殖饲养，上了七十岁的人就可以经常吃到肉食。一家一户耕种百亩的田地而不误农时，数口之家就不会闹灾荒。孟子希望国君不违农时，不要影响老百姓正常的耕种收割，人们不违背自然规律，那么粮食、鱼鳖就吃不完，材木就用不尽。那又如何才能保证老百姓有恒产且养生丧死无憾呢？孟子曰："夏后氏五十而贡，殷人七十而助，周人百亩而彻，其实皆什一也。彻者，彻也；助者，藉也。龙子曰：'治地莫善于助，莫不善于贡。'贡者，挍数岁之中以为常。乐岁，粒米狼戾，多取之而不为虐，则寡取之；凶年，粪其田而不足，则必取盈焉。为民父母，使民盻盻（xì，勤苦不休之意）然，将终岁勤动，不得以养其父母，又称贷而益之，使老稚转乎沟壑，恶在其为民父母也？夫世禄，滕固行之矣。《诗》云：'雨我公田，遂及我私。'惟助为有公田。由此观之，虽周亦助也。"②孟子说：夏朝时每家授田五十亩而实行贡法，商朝时每家授田七十亩而实行助法，周朝时每家授田一百亩而实行彻法，实际上征的税都是十分取一。什么叫彻法呢？彻就是抽取之意；助就是凭借之意。古贤人龙子说："管理土地的税制以助法为最好，而贡法最不好。"所谓贡法就是参照几年中的收成取一个固定数。不管丰年灾年，都要按照这个确定的税额征税。丰收年成，处处是谷物，多征收一些也不算苛暴，但却并不多收；灾年歉收，每家的收获甚至还不够第二年耕种所用，却一定要征足这个额定数。作为百姓父

---

① 《孟子·梁惠王章句上》。
② 《孟子·滕文公章句上》。

母的国君,使子民百姓一年到头辛勤劳动,仍不足赡养自己的父母,却还要靠借贷来凑足租税,致使老弱幼小在山沟荒野奄奄一息,哪里还称得上是百姓的父母官呢?而当官世代承袭俸禄的制度,滕国早已实行了。《诗经》上说:"雨水浇灌我们的公田,同时也滋润到我的私田。"只有实行助法才会有公田,由此看来,周朝也是实行助法的。孟子希望统治者薄取于民。

在孟子之前,孔子就主张"养其民也惠"①,"百姓足,君孰与不足?百姓不足,君孰与足?"②"因民之所利而利之,斯不亦惠而不费乎?"③孔子认为君主治理国家首先应该富民、惠民,为百姓谋福祉,顺应百姓诉求。百姓是国家的根本,只有百姓富足了,国家才能富强。孟子继承了孔子的富民、惠民的思想,并在此基础上提出了"制民之产"。"是故明君制民之产,必使仰足以事父母,俯足以蓄妻子,乐岁终身饱,凶年免于死亡,然后驱而之善,故民之从之也轻。"④就是说,英明的君主鼓励百姓兴业,要使他们上足以赡养父母,下足以抚养妻儿;好年成,丰衣足食;歉收荒年也不至于饿死。然后再去引导他们走上向善的道路,老百姓就会很容易听从。"制民之产"是使百姓拥有固定的产业,即"恒产"。有了"恒产"百姓就不会颠沛流离、犯上作乱了。英明仁德的君主应该首先使百姓有固定的产业收入,这样百姓就会有"恒心",就可以安居乐业发展生产了。按照孟子的设想,要恢复"井田制",将农民固定在土地上,无论埋葬还是搬家,都不离开本乡本土。孟子为何要恢复井田制呢?因为我国古代社会的根本问题是土地问题,一切矛盾、问题都由此而来,一切斗争归根结底都是为了争夺土地。孟子正是看到了这一点,所以主张公平分给农民土地,以此作为"仁政"的开始。孟子还建议"薄赋敛"。"易其田畴,薄其赋

---

① 《论语·公冶长》。为了便于读者检索不同版本《论语》原文,故本文只注明《论语》篇名,下同。
② 《论语·颜渊》。
③ 《论语·尧曰》。
④ 《孟子·梁惠王章句上》。

敛,民可使富也。食之以时,用之以礼,财不可胜用也。民非水火不生活,昏暮叩人之门户求水火,无弗与者,至足矣。圣人治天下,使有菽粟如水火。菽粟如水火,而民焉有不仁者乎?"①重视耕种,减轻赋税,就可以使百姓富足。与此同时,还应该以礼而行,勤俭节约,要让百姓的粮食像水火一样多,这样百姓就会坚守仁德了。"薄赋敛"不仅是指减轻农民的土地税收,而且还指减轻对社会其他阶层的税收。孟子试图通过经济上的各种政策来惠民、富民。因为他知道,首先减轻各项税收,从物质上满足百姓的要求,让他们拥有自己固定的产业和收入,安居乐业,人心才能稳定,天下也才能安定。

孟子在此强调:一是要授田于民,让老百姓在自己的田地里耕耘,确保其有稳定的生活保障;二是要薄赋税,要减轻老百姓的负担;三是不仅要薄赋税,赋税征收还应根据丰年灾年和老百姓的实际收成情况灵活征收。因为有恒产才会有恒心,否则就会"放辟邪侈,无不为已"。

三、谨庠序　申孝悌

有"恒产"是否一定有"恒心"呢?孟子认为不是绝对的。虽然人有善性,但因环境等多种因素影响,人的思想和行为也会有偏差,故需要办学兴教,引导教化民众。就道德教化而言,孟子对孔子思想是一脉相承的。孔子不仅强调道德教化,还深刻地认识到经济与政治、富民与教民的关系,从而提出了"富而教"的思想。《论语》曰:"子适卫,冉有仆。子曰:'庶矣哉!'冉有曰:'既庶矣,又何加焉?'曰:'富之。'曰:'既富矣,又何加焉?'曰:'教之。'"②孔子的这一"先富后教"的思想,不仅体现了其对物质基础与社会教化关系的深刻认识,而且为其推行道德教化奠定了坚实的政治思想基础。这一思想理论也被孟子继承和发扬,从而形成了孟子富

---

① 《孟子·尽心章句上》。
② 《论语·子路》。

有特色的富民与教民相结合的思想。孟子认为：统治者不仅要爱民、富民，还要教民、化民。"善政不如善教之得民也。善政，民畏之；善教，民爱之。善政得民财，善教得民心。"①他认为好的政治措施不如好的教育更能得到人民的理解。善政只能使人民敬畏，善教才能使人民喜爱。为了得到民心，必须重视教育。因此，孟子主张要在"富民"的基础上，对百姓进行道德教化。"谨庠序之教，申之以孝悌之义，颁白者不负戴于道路矣。七十者衣帛食肉，黎民不饥不寒，然而不王者，未之有也。"②"设为庠序学校以教之。庠者，养也；校者，教也；序者，射也。夏曰校，殷曰序，周曰庠；学则三代共之，皆所以明人伦也。人伦明于上，小民亲于下。有王者起，必来取法，是为王者师也。"③孟子提倡开办庠、序、学、校以教化百姓。所谓庠，意思是培养；所谓校，意思是教导；所谓序，意思是有秩序地陈述。夏朝时叫校，殷商朝时叫序，周朝时叫庠；这个"学"是三代都有的，都是教化百姓，使之懂得人与人之间的伦理关系。人与人之间的伦理关系诸侯、卿大夫、士都明白了，普通百姓自然能紧密团结在一起。如果有贤明的君王兴起，必然会来学习效法，这样就做了圣王的老师了。孟子认为良好的道德教化比良好的政治更能获得民心，它能帮助统治者更好地管理天下，所以统治者要重视教育。教育能使人们懂得伦理，促进人与人之间互相尊敬，相亲相爱。兴办学校的目的是对百姓施以人伦教化，让百姓明白人与人之间的各种伦理道德关系，以及相关的各种礼仪和行为准则。同时，这也是孟子道德教育的主要内容。他说："父子有亲，君臣有义，夫妇有别，长幼有序，朋友有信。"④父子之间有骨肉之亲，君臣之间有礼义之道，夫妻之间挚爱而有内外之别，老少之间有尊卑之序，朋友之间有诚信之德。统治者教民、化民的目的就是要教导百姓如何处理这五种人伦关系，了解这五

---

① 《孟子·尽心章句上》。
② 《孟子·梁惠王章句上》。
③ 《孟子·滕文公章句上》。
④ 《孟子·滕文公章句上》。

种关系中内含的各种礼仪规范。"明人伦"的具体要求是让百姓懂得孝悌忠信的道理。孟子认为,人们在劳动之余,"以暇日修其孝悌忠信",就能够"人以事其父兄,出以事其长上"①。在家做孝顺父母、敬重兄长的子弟,出门则是忠于君主的臣民。这样不仅可以防止"放辟邪侈,无不为已"的社会动乱,还能出现"人人亲其亲、长其长,而天下平"②的景象。孟子试图让统治者通过学校教育,将道德规范根植于百姓的内心之中。这样,民心淳朴,人心思善,有利于国家安定和社会发展。

孟子作为战国时期儒家学派的代表,在孔子思想基础上,比较系统地提出并完善了以"德"、"礼"为核心内容、以"明人伦"为基本出发点的道德教化思想,奠定了儒家道德教化思想的基础,构建了儒家教化思想的框架,并影响后世的思想家、政治家、教育家,从而形成了在社会管理方面贯穿于整个中国封建社会的重视道德教化、以教为先的思想。随着西汉以来儒家思想正统地位的确立,儒家的道德教化逐渐成为中国古代传统教育思想的核心,深刻影响着秦汉以来两千多年的整个封建社会及近代社会。孔孟所开创的儒家教化思想的许多方面,对于当今的社会教育和良好的社会道德规范的构建,都具有深刻的影响。

第三节 尊王黜霸

王道与霸道是对举的,是治国之道的两种呈现。儒家认为:圣人成了君王,其统治即是王道,故也可称之为"圣王之道"。所谓王道,就是在一定的历史时期,处理一切问题的时候,按照当时通行的人情和社会道德标准,在不违背当时的政治和法律制度的前提下,所采取的某种行动。反之,如果不顾一切,依靠权势,蛮横逞强,颐指气使,巧取豪夺,就是常言的霸道。或者说"王道"是

---

① 《孟子·梁惠王章句上》。
② 《孟子·离娄章句上》。

指君主以仁义治天下,以德政安抚臣民的统治方法。"霸道"是指君王凭借武力、刑罚、权势进行统治的方法。《尚书》曰:"无偏无党,王道荡荡。"①处事公正,没有偏向,圣王之道就会宽广无边。《礼记》曰:"礼、乐、刑、政,四达而不悖,则王道备矣。"②礼、乐、刑、政四者互相通达而不违逆,这就具备了治理天下的正道。《史记》载:"伊尹名阿衡。阿衡欲奸汤而无由,乃为有莘氏媵臣,负鼎俎,以滋味说汤,致于王道。"③后来任商丞相的伊尹想求见成汤而苦于没有门路,于是就去给有莘氏做陪嫁的男仆,背着饭锅砧板来见成汤,借着谈论烹调滋味的机会向成汤进言,劝说他实行王道。《史记》曰:"孔子明王道,干七十余君,莫能用。"④孔子彰显王道,游说于七十余诸侯国君,却没有一个听他的主张。刘向《新序》云:"王道如砥,本乎人情,出乎礼义。……三代不同道而王,五霸不同法而霸。"⑤君王治理国家的方法就像中流砥柱,源自世人的感情,还应遵守礼义。尧舜禹三代都坚守各自的礼义才能成为帝王,春秋五霸实行各自方略成了霸主。《荀子》曰:"明其不并之行,信其友敌之道,天下无王,霸主则常胜矣。是知霸道者也。"⑥表明自己不会有吞并别国的行为,信守自己和匹敌国家友好相处的原则,天下如果没有成就王道的君主,奉行霸道的君主就能常常取胜了。这是懂得称霸之道的君主。鲁迅曾说:"在中国,其实是彻底的未曾有过王道。"⑦仁政的理想最终指向了"王道",这是孟子政治理想的最高境界。孟子曰:"以力假仁者霸……以德行仁者王。"⑧一是以力屈人,一是以德服人。王道崇尚仁和礼,追求老百姓安居乐业,国家长治久安。霸道崇尚术和力,不顾百姓安

---

① 李学勤主编:《尚书正义》,北京大学出版社,1999年,第311页。
② 李学勤主编:《礼记正义》,北京大学出版社,1999年,第1085页。
③ 〔汉〕司马迁:《史记》,载《二十四史》简体字本,中华书局,2000年,第69页。
④ 〔汉〕司马迁:《史记》,载《二十四史》简体字本,中华书局,2000年,第365页。
⑤ 〔汉〕刘向编,石光瑛校释:《新序校释》,中华书局,2001年,第1159页。
⑥ 张觉:《荀子译注》,上海古籍出版社,1995年,第153页。
⑦ 鲁迅:《且介亭杂文集》,中华书局,1943年,第12页。
⑧ 《孟子·公孙丑章句上》。

危生死,以强兵追求快速强国。孟子竭力倡导王道,坚决反对霸道,呈现出理想化道德治国的倾向。

孟子认为他的王道理念实现具有相当强的可行性,依据就是他所坚持的性善论。认为人性本善,统治者只需顺应人性之本然,去发挥人们仁、义、礼、智四德的自觉性,即可以做到善政,实现王道。孟子王道政治的路径则是推行仁政,认为这是巩固国家统治、进而一统天下的必由之路。孟子曰:"诸侯之宝三:土地、人民、政事。宝珠玉者,殃必及身。"①孟子说:诸侯有三样宝贝,即土地、百姓和政务。如果视珠宝美玉为宝贝的,灾祸一定会殃及其身。贤明君主必须明白自己的政治统治的中心是土地和人民,如果追求宝玉,结果只能是身败名裂,国破家亡。孟子认为在三宝中国君最需要重视的是人民,也就是要求国君的政治行为必须时刻以老百姓为出发点,必须要保证"民事不可缓",因为民有恒产方可有恒心,人民生活有了保障,人心方能稳固,对于统治者的忠诚与信任方能产生,才有可能保持政治秩序的稳定。否则,民不聊生,老百姓视君如贼,当外敌入侵时,君主有可能面临无人相助的困境。"彼夺其民时,使不得耕耨以养其父母。父母冻饿,兄弟妻子离散。彼陷溺其民,王往而征之,夫谁与王敌?故曰:'仁者无敌。'"②孟子说:因为秦国、楚国不断侵占老百姓的生产时间,老百姓不能够深耕细作来赡养父母。父母受冻挨饿,兄弟妻子东逃西散。他们使老百姓陷入深渊之中,如果大王去征伐他们,有谁会来抵抗大王呢?所以说:"施行仁政的人是无敌于天下的。"春秋战国时代,由于战争不断,耗费了大量物质财富,统治者往往采取增加人民的负担来保证国家政治统治的需要,加重赋税,如孟子所言:"有布缕之征,粟米之征,力役之征。君子用其一,缓其二。用其二而民有殍,用其三而父子离。"③国家有对布帛的征税,有对粮食的征税,有征发劳力的赋税。君主应采用其中

---

① 《孟子·尽心章句下》。
② 《孟子·梁惠王章句上》。
③ 《孟子·尽心章句下》。

的一种,缓征另外两种。如果同时征收两种,就会有百姓饿死,如果同时征收三种,那么父亲就顾不得儿子,儿子也就顾不得父亲了。这与孟子设想中的仁政背道而驰,国君这样做将被贬斥为"率兽而食人",这样王道政治也就无法实施。孟子曾说"养生丧死无憾,王道之始也"①,但如此还不算推行王道,推行王道还必须加强对人民的教化,帮助百姓固化自己的本心,提高道德素养,所以孟子说:"仁言不如仁声之入人深也,善政不如善教之得民也。善政,民畏之;善教,民爱之。善政,得民财;善教,得民心。"②仁德的言语不如仁德的音乐深入人心,良好的政治不如良好的教育更得民心。良好的政治,百姓敬畏;良好的教育,百姓喜爱。良好的政治能获得百姓的财富,良好的教育则能得到百姓的心。孟子认为,只要能够在国内推行仁政,实行王道,养护人民,使得君民一心,一致对外,即使是方圆百里的小国,也能在诸侯混战中保全自我。"地方百里而可以王。王如施仁政于民,省刑罚,薄税敛,深耕易耨(nòu,锄草);壮者以暇日修其孝悌忠信,入以事其父兄,出以事其长上,可使制梃以挞秦楚之坚甲利兵矣。"③孟子说:只要有方圆百里的土地就可以使天下归服。国君如果对老百姓施行仁政,减免刑罚,减轻赋税,让老百姓深耕细作;让身强力壮的人有时间修养孝顺父母、敬爱兄长、待人忠诚守信的品德,在家侍奉父母兄长,出门尊敬长辈上级。这样就是让他们手持木棒也可以抗击那些拥有坚实盔甲锐利刀枪的秦、楚军队。孟子认为齐桓公和晋文公等五霸的政治行为在名义上是为了"尊王攘夷",实际上是为了本国利益,胁迫一部分诸侯国参加盟会,然后去攻打另一部分诸侯国。故孟子曰:"五霸者,三王之罪人也;今之诸侯,五霸之罪人也;今之大夫,今之诸侯之罪人也。……五霸者,搂诸侯以伐诸侯者也,故曰,五霸者,三王之罪人也。"④孟子说:五霸,对三王来说是罪

---

① 《孟子·梁惠王章句上》。
② 《孟子·尽心章句上》。
③ 《孟子·梁惠王章句上》。
④ 《孟子·告子章句下》。

人。如今的诸侯,对五霸来说又是罪人。如今的大夫,对于如今的诸侯又是罪人。所谓的五霸,是拉拢一部分诸侯去征伐另一部分诸侯。所以说,五霸者,是三王的罪人。故孟子说:"春秋无义战。彼善于此,则有之矣。征者,上伐下也,敌国不相征也。"意思是说:春秋时代没有正义战争。但某国君主比另一国君主好一些是有的。所谓的征讨,是天子讨伐无礼的诸侯,相当地位的诸侯是不能相互征讨的。所谓的征讨就是杀戮,就是戕害,就是霸道。孟子认为,如果国君能推行王道,就会呈现"王者之民,皞皞如也。杀之而不怨,利之而不庸,民日迁善而不知为之者"①。王者的百姓,悠然自得。犯罪处死而不怨恨,得到好处也觉得不需要酬谢,人民日益向善而不知道是谁使他们这样的。此乃孟子所说"保民而王,莫之能御也"②。如此天下太平祥和,乃王道之功也。

"王道"和"霸道"是中国传统政治中的一对重要概念,在一定意义上,可用"王道"和"霸道"来解释传统政治的基本特征,也可以说王道和霸道就是古代帝王之道。在传统政治框架中,王道荡荡,象征传统政治"光明正大"的一面;霸道浩浩,象征传统政治"威权统治"的一面。"王道"是孟子提出的国家政治的最高理想。孟子认为民本与仁政能否实现,关系到能否实现"王道"这一目标。孟子所谓"王道",即"以德行政者王",在孟子看来,实行王道之治就是"保民而王",就是爱民如子,就是乐以天下,忧以天下。

孟子民本思想、仁政理念和尊王黜霸主张,极富政治智慧,具有极强的启发性。在当时诸侯国若能得到实施,可使当时百姓安居乐业,免遭战争灾难;国家可呈现政治清明,社会安宁,民富国强的景象。

孟子政治智慧涉及面宽,内容丰富,还应包含尊贤使能、与民同乐、尊重民意、井田制度、赋税制度等,我们将其列于孟子人生智慧、管理智慧和经济智慧之中。

---

① 《孟子·尽心章句上》。
② 《孟子·梁惠王章句上》。

第二章　孟子经济智慧

　　孟子生活的时代，经过春秋战国长期激烈的争霸战争，许多小的诸侯国灭亡了，仅剩齐、楚、秦、燕、韩、赵、魏七个诸侯国，它们之间仍然战争不断，民不聊生。这一时期是中国由奴隶社会向封建社会的过渡时期，各诸侯国为了称雄，相继变法，实行了一系列的改革措施，目的是让上层建筑适应经济基础，生产关系适应生产力的发展。如魏国用李悝，秦国用商鞅，都进行了一系列的变法，废除了旧的世袭禄位制度，把禄位和宅田赏赐给对国家有功的人士，把国家的土地分给农民耕种。通过变法，各国的农业经济发展显著。但各诸侯国的国王为了称雄天下，大力扩军备战，征募大量的农业劳动力，提高税收比例，加大百姓负担，阻碍并破坏了生产力的发展。孟子就是在这一政治、经济极其复杂的时期，在和各诸侯国的国君讨论治国之道时，提出了自己的一系列的经济思想。

　　孟子的经济思想内容丰富，很多具有开创性，在中国经济思想史上占有重要的地位。孟子主张在生产活动中要尊重自然规律，重视自然资源的可持续利用；在政府经济管理职能上，孟子既主张实行自由开放的经济，又强调政府宏观调控；在产权理论上，孟子提出"恒产论"，是中国历史上首次提出支持私有财产制度的理论；在财政税收上，孟子主张实行轻徭薄赋的政策，希望根据国家实际需要和农民实际收成来确定税率的高低；在社会分工上，孟子论述了农业与手工业、脑力劳动与体力劳动之间分工的必要性和相互依赖性；关于商品价格，孟子已经有了模糊的"价值"概念，已经具有价值决定价格的理论雏形。

第一节 崇井田 正经界

井田制是中国古代社会的一种土地国有制度,出现于商朝,到西周时已发展成熟。到春秋时期,由于铁制农具和牛耕的普及等诸多原因,井田制逐渐瓦解。西周时期,道路和沟渠纵横交错,把土地分隔成方块,形状像"井"字,因此称为"井田"。井田属周王所有,分配给庶民使用。领主不得买卖和转让井田,还要交一定的贡赋。领主强迫庶民集体耕种井田,周边为私田,中间为公田。由于地理环境和气候因素,这种制度可能从未得到严格的实施。"井田"一词,最早见于《谷梁传·宣公十五年》:"古者三百步为里,名曰井田","井田者,九百亩,公田居一"①。井田制大致可分为八家为井而有公田与九夫为井而无公田两个系统。《孟子》曰:"方里而

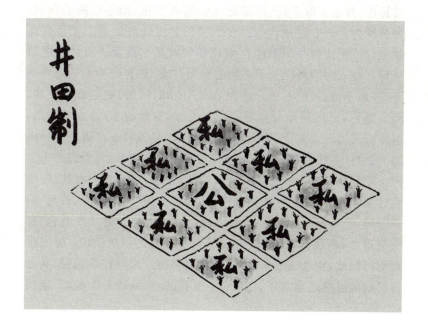

① 李学勤主编:《春秋谷梁传注疏》,北京大学出版社,1999年,第204页。

井，井九百亩，其中为公田。八家皆私百亩，同养公田。公事毕，然后敢治私事。"①孟子所述井田，乃记其八家为井而有公田也。

　　孟子生活在战国中后期，整个井田制已全面瓦解，土地私有制已基本确立。在这样的时代，孟子主张恢复井田，原因是："民事不可缓也。《诗》云：'昼尔于茅，宵尔索绹；亟其乘屋，其始播百谷。'民之为道也，有恒产者有恒心，无恒产者无恒心。苟无恒心，放辟邪侈，无不为已。及陷乎罪，然后从而刑之，是罔民也。焉有仁人在位罔民而可为也？"②孟子首先说民事不可缓，然后说"无恒产而有恒心者，惟士为能"，认为读过圣贤书的士君子，即便没有恒产，也仍然可以有恒心，普通民众就很难做到这一点了。普通民众如果不能持久的保有一份财产，维持自己的生存，就会胡作非为，执政者用严刑惩罚他们，这就是残害百姓。孟子的意见是：仁人如果在位行仁政，必须恭俭礼下，取于民而有制。国家要正常运作，肯定要取于民，但取之于民要有法度，而不能随心所欲，为所欲为。这个制是什么？什么样的制度让统治者不至于横征暴敛？孟子认为井田制能达到这样的效果。故孟子曰："子之君将行仁政，选择而使子，子必勉之！夫仁政，必自经界始。经界不正，井地不钧，谷禄不平。是故暴君汙（wū，同污）吏必慢其经界。经界既正，分田制禄可坐而定也。夫滕，壤地褊小，将为君子焉，将为野人焉。无君子，莫治野人；无野人，莫养君子。请野九一而助，国中什一使自赋。卿以下必有圭田，圭田五十亩；余夫二十五亩。死徙无出乡，乡田同井，出入相友，守望相助，疾病相扶持，则百姓亲睦。方里而井，井九百亩，其中为公田。八家皆私百亩，同养公田；公事毕，然后敢治私事，所以别野人也。此其大略也；若夫润泽之，则在君与子矣。"③孟子对滕文公之臣毕战说：滕君将要实行仁政，特意选派你来，你一定要努力！施行仁政，必须从分清田地的经纬之界着手。经纬之界不正，井田就不均衡，不能按

---

① 《孟子·滕文公章句上》。
② 《孟子·滕文公章句上》。
③ 《孟子·滕文公章句上》。

田亩纳税就不公平。所以残暴的国君和贪官污吏必然是不重视田地的经纬之界。田地的经纬之界一旦划清,怎样分配田地和俸禄就可以议定了。滕国,虽然土地狭小,但一样要有官员和在田野里耕田的农民。没有官员,就没有办法管理农民;没有农民,也就没有办法养活官吏。希望你们在田野上实行九分抽一的助法,在都城中实行十分抽一的税法,让人们自行交纳。国卿以下的官员必须要有供祭祀用的田地,这供祭祀用的田地为五十亩;其余的人给田地二十五亩。死葬和搬迁都不离开本乡范围,乡里的田都要同样实行井田制,人们出入劳作时相互伴随,抵御盗寇时互相帮助,有疾病事故时互相照顾,这样百姓就友爱和睦了。方圆一里为一个井田,一个井田为九百亩,中间一块田地为公田,八家各以一百亩为私田,但要共同料理好公田;把公田的事办完了,然后才能耕耘私田。春秋战国时代,土地制度大变,井田制崩溃,土地私有制兴起。孔子曾对这一趋势忧心忡忡,孟子主张恢复井田制,至少有如下原因:

第一,井田制能保证民众均有土地,从而可以做到自主而自养。首先是自主。什么是自主?就是能够保有自由身,有一块自己的土地,可以靠自己的劳动维持生存,而不依附或依赖其他人。如果农民没有土地,变成佃农,甚至是奴婢,就丧失了人身自由,这是儒家所不能容忍的。儒家是人格平等的最坚定的捍卫者,所以希望国君应将每一个臣民都当成与自己相同的人看待,人格没有高下之分。因此,儒家向来认为,经济制度的安排要确保人人都能自主。孟子认为井田制有助于人人自主。井田制能保证老百姓自己养活自己,如此方可保证老百姓的人格独立和尊严。这一切都需要土地制度、财产制度的保障。

第二,井田制有助于农民负担固定化,既可以保证国家财税收入,又可限制政府随意增加农民的负担,因为井田制有比较强的财政约束力。国家税收相对稳定,国库充盈,政府就有财力发展水利,修建道路和发展公共事业,有利于国家长治久安和繁荣富强。

第三，井田制可将农民相对固定在所耕种的土地上，能有效建立乡里基层体制，便于管理；还能减少流民，减少社会不安定因素。乡里成员相对稳定，能共同抵御贼寇和天灾人祸，还可以养成、维护、加深乡民之间友爱之情，从而形成稳定的友谊共同体。

第四，井田制可稳定乡里基层建制，政府可依制设庠序，便于对百姓施行教化。人伦需要教化，道德修养往往是人的内在需要和外在环境共同作用所致。而人的内在道德需求往往是在接受一定的社会教化之后才会激发出来。施行井田制有利于实施社会教化，有利于形成良好的社会道德氛围。

第五，井田制有利于调动劳动者的劳动积极性，保障国家粮食安全。实行井田制，农民有固定的土地耕种，耕种所得除了交一定的赋税外，都归自己所有。耕耘越勤奋、越用心，收成越多，这可在很大程度上调动劳动者的劳动积极性，还能激发其创造性，可增加社会粮食保有量，保障国家粮食安全，不至于灾荒之年饿殍遍野，也就在很大程度上保证社会安定与发展。

因为孟子时代社会生产力低下，实行井田制有如此多的好处，所以孟子才极力推举井田制。事实上，孟子的"井田"思想，在战国之后是难以实现的，但其仍有较大的学术价值。中国 20 世纪 70 年代末实行改革开放以来，中国广大农村实行农民家庭土地承包政策，极大地调动了新时期农民的生产积极性，农民勤劳致富，农业生产稳步发展，农民生活水平迅速提高，农村繁荣稳定。中国农村实行农民家庭土地承包政策，闪耀着孟子"井田"、"恒产恒心"思想的光芒，这也是孟子思想时代价值的显现。

第二节　薄赋税　轻徭役

财政税收关乎一个国家稳定与发展，关于财政税收，中国古代先哲有很多论述，也有很明确的主张。其中孟子税务思想极具代表性。

一、租税由来

早期"税"附着在土地上,表现为劳役租税。孟子曰:"夏后氏五十而贡,殷人七十而助,周人百亩而彻,其实皆什一也。"①所谓"贡",即统治者按若干年的田地平均亩产征收十分之一的实物。所谓"助",即借民力以耕公田,公田的收获,全部归统治者所有。所谓"彻",即"贡"和"助"兼行。"方里而井,井九百亩。其中为公田,八家皆私百亩,同养公田。公事毕,然后敢治私事。"②井田制乃中国西周时期的土地制度。本义是:因土地划分为许多方块,且形似"井"字形,故曰井田。实则是周大子京畿之土地制度,有公田私田之分。当时的赋役制度为贡、助、彻,皆为服劳役于公田,其收入全部为领主所有,而其私亩收入全部归个人所有,实际是一种"劳役租税"。东汉许慎《说文》曰:税,形声字,从禾,兑声。田赋,征收的农产品。西汉史游《急就篇》曰:敛财曰赋,敛谷曰税,田税曰租。因此,"税"起源于农业。换句话说,最早是向农民征税,征收的是田税,或曰土地税,主要以劳役代税。

二、薄赋轻役有利于生产

孟子曰:"易其田畴,薄其税敛,民可使富也。食之以时,用之以礼,财不可胜用也。"③孟子认为:让百姓种好他们的地,减轻他们的赋税,就可以使百姓富足。食有节制,用依礼制,财物将用之不尽。孟子强调薄赋税,既能富民,又有利于发展生产,民富国才能强。"有布缕之征,粟米之征,力役之征。君子用其一,缓其二。用其二而民有殍,用其三而父子离。"④古代有征收布帛的赋税,有征收粮食的赋税,有征发人力的赋税。贤明国君只会征收其中一种,缓征其他两种。如果同时征收两种,百姓就会有饿死的;假

---

① 《孟子·滕文公章句上》。
② 《孟子·滕文公章句上》。
③ 《孟子·尽心章句上》。
④ 《孟子·尽心章句下》。

若同时征收三种,就会出现父子离散,生死离别的悲惨景象。孟子主张对农民的税收要有节制,不应该使农民劳苦一年,无所剩余,这不仅不能扩大再生产,反而会造成农民颠沛流离,以至于死亡,使劳动力受到摧残,这种杀鸡取卵的做法不利于统治。孟子警告统治者,要薄赋税,轻徭役,不能取民无制,更不能取民无度;不能在老百姓耕种、管理、收获繁忙的季节征徭役,否则会影响田地收成。必须"不误农时",让民有"恒产",民方可安居乐业,衣食足而知礼节。否则,路有饿殍,父子离散,民怨而暴,国将不国。

　　孟子不仅要求统治者"薄税轻役",还提出"省刑罚,薄税敛",这是孟子仁政学说的重要组成部分,具有政治、经济、道德的多重意义。"薄赋税",可使百姓富足起来,粮食多得如水火,年年有余,家家用之不尽,盗抢犯罪之人就少了。孟子"薄赋税"思想是在当时捐税多如毛,苛政猛于虎的状况下提出的。孟子强调"轻徭役"、"民事不可缓",就是希望统治者减轻农民的徭役负担,征调农民服徭役应当做到"不违农时",即不在春播、夏锄、秋收的大忙时节征徭役,保证农民在农忙时节把主要精力用在农田上,"不失其时",农民通过辛勤的劳动,方可保证"谷不可胜食"。孟子提出省刑罚、薄税敛,是劝说统治者要善待百姓,不要盘剥他们。孟子认为老百姓丰衣足食,安居乐业了,国家才能长治久安。

三、主张单一的农业税制

孟子主张实行单一的农业税。他要求"耕者助而不税",就是农民只耕种井田制中的公田而不课以租税。从战国时期土地国有制遭到破坏、土地私有制已经形成的情况看,孟子这种"助而不税"的主张,是他理想的征税方法。因为"有布缕之征,粟米之征,力役之征,君子用其一,缓其二,用其二,而民有殍,用其三,而父子离"。这里说的"有布缕之征",布即布帛,即当时的货币,也称夫里之布,是按人丁居里征收的一种税,即户税。"粟米之征"即"田野"税,实为田租,就是土地税。"力役之征",是向农民征发劳役。这是战国时统治者向自耕农征收的三种税。前两种征收的是实物,后一种是力役。当时这种课税很重,往往造成农民破产以至流亡。孟子从他的"仁政"观点出发,反对向农民征收过重的赋税,这也是他主张单一农业税的原因之一。他说:"用其一,缓其二。"采取什么样的形式实行单一的农业税他未明确,但是他反对三者同时实行。他说"用其二,民有殍",就是说采取两种同时征的办法,农民可能就有饿死的。他说"用其三,而父子离",就是说三种税同时征收,就会出现父子离散、流离失所的悲惨景象。由此可以看出,孟子对小农经济是较为了解的,他很关心农民的生存,主要是不希望封建统治者丧失其统治基础。

孟子不仅关注农业税制,还主张在其他方面的税收也应该合理,不能过重。孟子非常注重发展生产,认为征收赋税不应影响生产,对于那些不生产的或不营利的营生,主张不征税。孟子曰:"市,廛(chán,商肆集中之处,集市)而不征,法而不廛,则天下之商皆悦,而愿藏于其市也;关,讥而不征,则天下之旅皆悦,而愿出于其路矣；耕者，助而不税，则天下之农皆悦，而愿耕于其野矣。"①在市场上，出租房屋而不征税，如果货物滞销，政府依法收购，那么天下的商人都会喜悦，从而愿意将货物屯藏在这样的市场；货物过关，仅是查禁管理而不征税，那么天下的客商都会喜悦，从而愿意出入这样的国都；从事农业的人，只需助耕井田的公田而不课以租税，那么天下的农民都会喜悦，从而愿意耕种这样的土地，愿成为贤君之臣民。孟子主张在农村实行单一的农业税制，提倡在城镇集市不征收商税；宅地无生产不征"里布"（古代的一种地税钱）；无职业之人不征"夫布"（古代以货币形式支付的代替力役的人口税）；关卡和山林川泽也不课税，自由往来经营，"关市讥（盘查）而不征，泽梁（湖泊沼泽）无禁"②。孟子主张在关卡和市场上只管理不征税，任何人到湖泊捕鱼都不被禁止，有利于活跃市场，推动经济发展。孟子认为征税的对象应是从事生产和创造财富的。对不能生产和没有经济收入的人，是不应征税的。

四、税收要"取于民有制"

就税制而言，孟子主张"野九一而助，国中什一使自赋"③，希望在农村实行九分抽一税制，在都市自行交纳十分抽一的赋税。孟子提倡什一税率，所以"什一而税"成为之后两千多年来儒家经常宣扬的税收信条。孟子为什么主张"什一而税"呢？"民之为道也，有恒产者有恒心，无恒产者无恒心。苟无恒心，放辟邪侈，无不为已。及陷丁罪，然后从而刑之，是罔民也。焉有仁人在位罔民而可为也？"④孟子认为：生活中，有固定产业的人就会重礼遵道，没有固定产业、生活无着落的人，就会不顾礼义廉耻。如果不讲礼义廉耻，就会违礼犯法、为非作歹，无恶不作。等到他们陷入犯罪的泥坑，然后便用刑罚处置他们，这就像是布下罗网陷害百

---

① 《孟子·公孙丑章句上》。
② 《孟子·梁惠王章句下》。
③ 《孟子·滕文公章句上》。
④ 《孟子·滕文公章句上》。

姓。哪有仁人做了君主却干陷害百姓的事的呢？所以贤明的君主必定要恭敬、节俭，以礼对待臣民，向百姓征收赋税要有一定的制度。国君作为百姓的父母官，不能让百姓一年到头劳累不堪，结果还不能养活父母儿女，使得老人孩子四处流亡，死在沟壑。孟子强调要确保百姓"仰足以事父母，俯足以畜妻子"①，一是要薄赋税，确保老百姓衣食无忧；二是税敛要有明确的制度，减少征收过程中随意性，确保百姓盈有余，保护劳动者的劳动积极性，激发创造性。目的是为了国家的政治稳定和繁荣富强。

　　孟子所说"取于民有制"，就是主张取民应有明确的制度。"治地莫善于助，莫不善于贡。贡者，校数岁之中以为常。乐岁，粒米狼戾，多取之而不为虐，则寡取之；凶年，粪其田而不足，则必取盈焉。"②孟子赞同在农业税上采取"助"的单一形式，更不赞成根据几年的收成确定一个平均的定额再征税，因为这样贡税的税率固定，就不可能根据年成好坏有灵活性，年成好，粮食丰收，多征收一点，农民纳得出，也不算苛；遇上凶年，农民收成不好，连耕种粪肥之用都不足，若交税时仍要按定额交足，农民就无法负担。孟子在税率方面是主张有灵活性和伸缩性的。孟子主张实行"助"法，就是因为"助"只是使农民付出一定劳动，不会由于年成不好而使负担增加。在税率方面，孟子也不是主张无限的少。"白圭曰：'吾欲二十而取一，何如？'孟子曰：'子之道，貉道也。万室之国，一人陶，则可乎？'曰：'不可，器用不足也。'曰：'夫貉，五谷不生，惟黍生之。无城郭、宫室、宗庙、祭祀之礼，无诸侯币帛饔飧，无百官有司，故二十取一而足也。今居中国，去人伦，无君子，如之何其可也？陶以寡，且不可以为国，况无君子乎？欲轻之于尧舜之道者，大貉小貉也。欲重之于尧舜之道者，大桀小桀也。'"③由此可以看出孟子并不主张过轻的赋税，因为过轻的赋税使国家财政收入太少，无法保证国家的正常稳定发展所需。他认

---

① 《孟子·梁惠王章句上》。
② 《孟子·滕文公章句上》。
③ 《孟子·告子章句下》。

为北方貊族人所居之地,气候寒冷不生五谷,只好种早熟的黍,人口少,文化落后,国家财政支出也少,所以征税采取二十分之一的税率就可以了。在中原大部分地区,文化发达,国家机构完善,社会发展费用庞大,征税太少,国家财政窘迫,就会入不敷出,影响国家的长治久安。所以他既反对重税,也反对不能满足封建国家正常支出的轻税政策。

第三节 社会分工与通功易事

孟子是中国古代较早提出社会分工和通功易事理论的人,在《孟子》中,他与许行的弟子陈相的一段对话系统地阐述了孟子社会分工与通功易事理论思想。

《孟子》曰:有为神农之言者许行,自楚之滕,踵(zhǒng:至,到)门而告文公曰:"远方之人闻君行仁政,愿受一廛(chán:住房)而为氓(méng:移民)。"公与之处。其徒数十人,皆衣褐(hè:粗麻短衣),捆屦(jù:草鞋),织席以为食。陈良之徒陈相与其弟辛负耒耜(lěi sì:古代一种像犁的翻土农具)而自宋之滕,曰:"闻君行圣人之政,是亦圣人也,愿为圣人氓。"陈相见许行而大悦,尽弃其学而学焉。陈相见孟子,道许行之言曰:"滕君则诚贤君也;虽然,未闻道也。贤者与民并耕而食,饔飧(yōng sūn,饔,早餐;飧,晚餐。引申为做饭)而治。今也滕有仓廪府库,则是厉民而以自养也,恶得贤?"孟子曰:"许子必种粟而后食乎?"曰:"然。""许子必织布而后衣乎?"曰:"否。许子衣褐(hè:粗布或粗布衣服)。""许子冠乎?"曰:"冠。"曰:"奚冠?"曰:"冠素。"曰:"自织之与?"曰:"否;以粟易之。"曰:"许子奚为不自织?"曰:"害于耕。"曰:"许子以釜(fǔ:金属制的锅)甑(zèng:用瓦做的茶饭器)爨(cuàn:烧火做饭),以铁耕乎?"曰:"然。""自为之与?"曰:"否。以粟易之。""以粟易械器者,不为厉陶冶;陶冶亦以其械器易粟者,岂为厉农夫哉?且许子何不为陶冶,舍皆取诸其宫中而用之?何为纷纷然与百工交易?何许子之不惮(dàn:畏惧)烦?"曰:"百工之事

第二章 孟子经济智慧

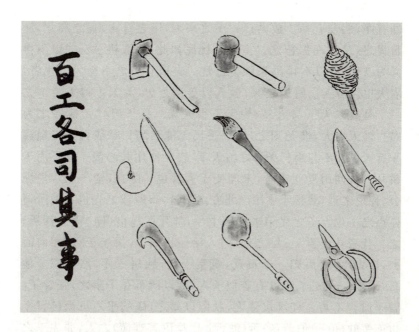

固不可耕且为也。""然则治天下独可耕且为与？有大人之事，有小人之事。且一人之身，而百工之所为备。如必自为而后用之，是率天下而路(本指奔波、劳累，引申为陷入困境)也。故曰，或劳心，或劳力；劳心者治人，劳力者治于人；治于人者食人，治人者食于人：天下之通义也。当尧之时，天下犹未平，洪水横流，泛滥于天下，草木畅茂，禽兽繁殖，五谷不登，禽兽逼人，兽蹄鸟迹之道交于中国。尧独忧之，举舜而敷(fū：遍)治焉。舜使益掌火，益烈山泽而焚之，禽兽逃匿。禹疏九河，瀹(yuè：疏导)济(济水，发源于今河南省济源市)漯(tà：漯水，在今中国山东省)而注诸海，决(排除阻塞物，疏通水道)汝汉，排淮泗而注之江，然后中国可得而食也。当是时也，禹八年于外，三过其门而不入，虽欲耕，得乎？后稷(周之先祖)教民稼穑(jià sè：春耕为稼，秋收为穑)，树艺五谷；五谷熟而民人育。人之有道也，饱食、暖衣、逸居而无教，则近于禽兽。圣人有忧之，使契(商族始祖)为司徒(掌管国家土地和人民教化的官)，教以人伦，——父子有亲，君臣有义，夫妇有别，长

幼有序,朋友有信。放勋曰:'劳之来之,匡之直之,辅之翼之,使自得之,又从而振德之。'圣人之忧民如此,而暇耕乎?尧以不得舜为己忧,舜以不得禹皋陶为己忧。夫以百亩之不易为己忧者,农夫也。分人以财谓之惠,教人以善谓之忠,为天下得人者谓之仁。是故以天下与人易,为天下得人难。孔子曰:'大哉尧之为君!惟天为大,惟尧则之,荡荡乎民无能名焉!君哉舜也!巍巍乎有天下而不与焉!'尧舜之治天下,岂无所用其心哉?亦不用于耕耳。吾闻用夏变夷者,未闻变于夷者也。陈良,楚产也。悦周公、仲尼之道,北学于中国。北方之学者,未能或之先也。彼所谓豪杰之士也。子之兄弟事之数十年,师死而遂倍(同'背',背叛)之!昔者孔子没,三年之外,门人治任将归,入揖于子贡,相向而哭,皆失声,然后归。子贡反,筑室于场,独居三年,然后归。他日,子夏、子张、子游以有若似圣人,欲以所事孔子事之,强曾子。曾子曰:'不可。江汉以濯之,秋阳以暴之,皜皜乎不可尚已。'今也南蛮鴃(jué:伯劳鸟)舌(鴃舌:比喻语言难懂)之人,非先王之道,子倍子之师而学之,亦异于曾子矣。吾闻出于幽谷迁于乔木者,末闻下乔木而入于幽谷者。《鲁颂》曰:'戎狄是膺(击退),荆舒是惩(抵御)。'周公方且膺之,子是之学,亦为不善变矣。从许子之道,则市贾不贰,国中无伪;虽使五尺之童适市,莫之或欺。布帛长短同,则贾相若;麻缕丝絮轻重同,则贾相若;五谷多寡同,则贾相若;屦大小同,则贾相若。曰:夫物之不齐,物之情也;或相倍蓰(xǐ,五倍),或相什百,或相千万。子比而同之,是乱天下也。巨屦小屦同贾,人岂为之哉?从许子之道,相率而为伪者也,恶能治国家?"①

　　孟子的社会分工理论在整个中国封建社会中可以说是独放异彩。劳心劳力的社会分工是人类社会发展进步的必然产物。社会分工促进社会产品交换,产品交换必须依循产品的价值法则进行。孟子从生产的发展和产品的交换角度,全面论证了社会分

---

① 《孟子·滕文公章句上》。

工的必然性和合理性,这是前无古人的。孟子生活在战国中晚期,这个时期,大部分诸侯国先后通过变法和改革,已经相继完成了从奴隶社会向封建社会的过渡。随着封建生产关系的确立,整个社会经济较春秋时期有了很大的发展,同时也出现了商业繁荣的局面。而经济发展、商业繁荣最突出的表征之一便是社会分工越来越细化,产品交换越来越频繁。孟子从发展经济和维护封建统治出发,提出了"劳心者治人,劳力者治于人。治于人者食人,治人者食于人"的社会分工理论和"通功易事"思想。

一、肯定社会分工

孟子强调百工各司其事,承认"劳心"、"劳力"的社会分工。孟子的社会分工理论,缘于他对战国时期农家学派代表许行绝对"自给自足"思想的批判。许行囿于自给自足的小农经济意识,主张"贤者与民并耕而食,饔飧而治",认为贤明的君主应当与老百姓一道种庄稼,要自己动手做饭吃。也就是希望所有人依靠自己身体力行,满足自己的需要。反之,如果一个国家的君主,自己不种田,"厉民以自养"而"仓廪府库"就不是贤君。许行和他的弟子"皆衣褐,捆屦,织席以为食",都从事农业生产,自食其力,一些生活用品也都是用自己种的粮食交换而来。孟子驳曰:"以粟易械器者,不为厉陶冶;陶冶亦以其械器易粟者,岂为厉农夫哉?且许子何不为陶冶,舍皆取诸其宫中用之?何为纷纷然与百工交易?"许行既然主张大家都应该种田,自食其力,反对社会分工,那么为什么还要拿粮食去交换犁耙锄头和锅碗呢?为什么不一边种田一边打铁、烧窑呢?为什么不生产出自己需要的所有东西呢?为什么还要和各种工匠交换物品做买卖呢?陈相辩称:"百工之事固不可耕且为也。"孟子进一步驳曰:"然则治天下独可耕且为与?"即打铁烧窑这些事尚且不能和种田的事情同时兼顾,而治理天下却能与种田同时兼顾?何况"且一人之身,而百工之所为备,如必自为而后用之,是率天下之路也"。若如许行所言,将会使天下人越来越贫困。孟子认为,社会分工对于社会经济的发展是必不可少的。如果不实行社会分工,自己需要的每件东西都要自己制作,就会使天下人疲于奔命。孟子还指出,百工各司其事从唐尧时代就开始了。"禹八年于外,三过其门而不入,虽欲耕,得乎?""尧舜之治天下,岂无所用其心哉?亦不用于耕耳。"也就是说"圣人"不是不"欲"耕,也不是鄙视"耕"者,而是有比耕地更重要的工作需要他们去做,如治理江河。而治理江河有许多技术上难题需要攻克,还要协调各部落统一行动等,这些皆是"劳心者"产生的客观前提,故孟子认为"劳心"、"劳力"的社会分工是社会发展的必然,不以人的意志为转移,劳心者和劳力者都是社会有机整体中不可或缺的成员,他们都具有"劳"的特性,他们之间只是劳心与劳力的区别,或者说只是劳动分工不同而已。孟子的"劳心"、"劳力"的社会分工思想,符合人类社会的进化论,也说明孟子认识到社会历史发展规律,顺应历史发展潮流,揭示了符合客观实际的社会分工理论。

二、赞成通功易事

所谓"通功易事",就是指社会成员分工合作,互通有无,拿自己多余的产品换取自己没有或不足而又必需要的产品。它揭示了产品交换的必要性和必然性,社会分工和产品交换是一对孪生兄弟。孟子认识到生产力提高和产品丰富之后,生产者的某些产品就会有剩余。产品有了剩余,就需要进行交换,这就是社会分工的必然结果。于是在社会分工的理论基础上,孟子又提出了"通功易事"、"百工交易"的主张。孟子认为,实行社会分工必然有相互之间的产品交换。如果生产者之间不进行产品交换,那么,多余的产品就不能发挥出它应有的使用价值,就会出现"农有余粟,女有余布"的局面。换言之,农民生产粮食,手工业者生产各种手工业品,如果二者之间不进行交换,那么农民有多余的粮食而没有所需要的各种劳动工具和手工日用品,手工业者有多余的手工业品却缺少粮食;如果二者进行交换,那么农民用多余的粮食换取自己所需要的各种手工业品,手工业者用自己生产的手

工业品换取自己必需的粮食,双方的物质利益就都能够得到更好的实现和满足,对交换双方都有好处。故孟子说:"子不通功易事,以羡补不足,则农有余粟,女有余布;子如通之,则梓匠轮舆皆得食于子。"①"通功易事"就是强调将各行各业的产品相互流通,用多余来弥补不足,通过不同行业的人们之间互相交换产品,就能满足人们的不同需要,从而达到双赢或多赢的效果。劳心者与劳力者之间也是如此,从事精神产品生产的"劳心者"与从事物质产品生产的劳力者之间,既具有不同的社会分工,又具有一种产品交换关系。前者教习礼义可以满足后者精神生活的需要,后者从事生产可以满足前者物质生活的需要,两者之间体现了精神产品和物质产品的交易关系。孟子认为产品交换活动是一种互惠的行为,主张在产品交换的过程中依循价值法则进行。孟子批驳许行"市价不二,国中无伪"之言,并说"夫物之不齐,物之情也;或

---

① 《孟子·滕文公章句下》。

相倍蓰,或相什百,或相千万。子比而同之,是乱天下也"①。孟子观点是:商品的品种与质量的不同,这是经济生活中客观存在的事实,这也是导致其价格差异的基础。即使是同一类商品如鞋子,也有大小之不同,如果将之统一定价,则违背了商品的价值规律,许行主张将他们的价格完全拉平,这是无法实施的,若强行为之,那就是搅乱天下的经济秩序。而且统一价格的结果并不能如许行所期望的那样"国中无伪",相反,"从许子之道,相率而为伪者也,恶能治国家?"②孟子认为如果听从许子之言,那就是率领大家走向虚伪,如此是不可能治理好国家的。所以孟子从社会生活的实际出发,得出"夫物之不齐,物之情也"的符合经济规律的认识,并且提出如果人为的去违反这一规律,追求所谓的"国中无伪",只会适得其反,可能会出现国中皆伪,那将导致天下大乱。所以将价格与商品质和量联系起来,将价格问题提高到社会治乱的高度来认识是非常有意义的。孟子的社会分工理论,不仅说明了务农、经商、做手工等不同行业之间分工的必要性和必然性,而且也说明了劳动性质不同的"劳心"、"劳力"之间分工的必要性和必然性。说明社会分工既是人类社会生产力发展到一定历史阶段的必然产物,又是社会生产力进一步发展的基础和必要前提。而社会分工又促进社会产品的交换,以满足社会各阶层人们的需要。在产品交换过程中,孟子主张维护市场的自由价格,让商品买卖完全按市场自发形成的价格进行,这在客观上顺应了商人自由经营的需要,有利于商业的发展和产品的顺利流通。由此可见,两千多年前,孟子首先全面地从生产的发展和产品的交换论证了社会分工的必然性和合理性,进而确立了井然有序的社会劳动关系,这是空前的。

　　孟子的经济思想集中体现在保护个体经济的发展,充分考虑到百姓的利益。孟子的经济思想内容丰富、独创性强,在经济思

---

① 《孟子·滕文公章句上》。
② 《孟子·滕文公章句上》。

想史上占有重要的地位。孟子主张在生产活动中要尊重自然规律，重视自然资源的可持续利用，具有朴素的生态经济思想；在政府与市场的关系上，孟子在主张实行自由开放的经济政策的同时，又提出政府宏观调控的思想；在产权理论上，孟子独创的恒产论是中国历史上最早提出支持私有财产制度的理论；关于财政税收，孟子主张实行轻徭薄赋的财税政策，并根据国家需要和农民的承受能力来确定税率的高低；在社会分工上，孟子论述了农业与手工业、脑力劳动与体力劳动之间分工的必要性和相互依赖性；在价格问题上，孟子已经有了模糊的"价值"概念，已经具有价值决定价格的理论雏形。

　　孟子在传承儒家政治思想的基础上，提出了一系列经济理论，诸如井田制度、财税思想、社会分工和通功易事等，这些思想既有对夏、商、周三代经济制度的追述，亦有其独到的见解，不仅在当时社会产生了重大影响，在整个封建社会发展过程中其影响力也是不可低估的，有些思想对当今社会经济发展也极富启发意义。

第三章　孟子哲学智慧

孟子在孔子哲学思想基础上，把儒家的哲学思想系统化。孟子的哲学体系相当严密，对后世儒家，无论是两宋的程朱理学，还是大成于明代的心学，都有着非常巨大的影响。

第一节　性　善　论

中国古代思想家非常关注什么是人性、人性是善还是恶的问题。孔子说"性相近也，习相远也"；告子说"性无善恶"，孟子言"性善"，荀子言"性恶"。尽管思想家的人性观有所不同，但都是在探究人性的本源问题，都在探寻引导人们向善、促进社会安定和谐的路径。

"滕文公为世子，将之楚，过宋而见孟子。孟子道性善，言必称尧舜。"① 孟子见当时为太子的滕文公，竭力推崇贤明君主尧舜，并倡言人性善。那么孟子是如何证明人性是善的呢？

一、人性之善犹水之就下

告子曰："性犹湍水也，决诸东方则东流，决诸西方则西流。人性之无分于善不善也，犹水之无分于东西也。"孟子曰："水信无分于东西。无分于上下乎？人性之善也，犹水之就下也。人无有不善，水无有不下。今夫水，搏而跃之，可使过颡；激而行之，可使在山。是岂水之性哉？其势则然也。人之可使为不善，其性亦犹

---

① 《孟子·滕文公章句上》。

第三章 孟子哲学智慧

是也。"①告子说：人性就好比急流，在东边冲开缺口就向东流，在西边冲开缺口就向西流。所以人性不分善不善，就好比水不分东西。孟子则说：水流确实不分东西，但是不分上下吗？人的本性是善良的，就好比水向下流。人的本性没有不善良的，水的本性没有不向下流的。如今的水，被击打就可以溅得很高，可以使它高过额头；堵塞水道可使水倒行，就可使水流上山岗。难道这是水的本性吗？是形势使它这样的。人之所以会做坏事，其本性的变化也如同水迫于形势而往上流一样。在这里孟子巧妙地将告子"东西"之说变成了"上下"之说，既然人性善如水就下也，那么

---

① 《孟子·告子章句上》。

哪有水不向下流的呢？所以人性善就无可辩驳了。告子所说之性，指的是人的本然之性，因为人的社会属性是受社会教化和引导的，人类社会进入封建社会后，人的社会属性不可能任由"性犹湍水也，决诸东方则东流，决诸西方则西流"，肯定会疏而导之，引以为善。那么孟子与告子辩论之"性"指的就是人的本然之性，那么孟子所言"人性之善也，犹水之就下也。人无有不善，水无有不下"之性善，就应该指人的本然之性善。孟子认为人性本善，犹如"水之就下也"，是不可抗拒的，是自然之道。

二、人、兽之性有别

告子曰："生之谓性。"孟子曰："生之谓性也，犹白之谓白与？"曰："然。""白羽之白也，犹白雪之白；白雪之白犹白玉之白与？"曰："然。""然则犬之性犹牛之性；牛之性犹人之性与？"①告子说：

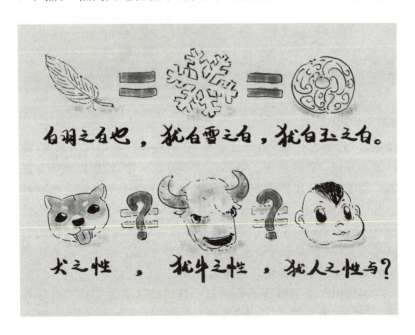

---

① 《孟子·告子章句上》。

天生的资质就称为性。孟子说：天生的资质就称为性，那就等于说白色的东西就称为白吗？告子说：是的。孟子说：那么白色的羽毛之白，就好比是白雪的白，就好比是白玉的白吗？告子说：是的。孟子说：那么狗的本性就好比是牛的本性，牛的本性就好比是人的本性吗？孟子在此并不否定告子"生之谓性"的命题，关键是孟子很快将辩题由"生之谓性"转换为"白之谓白"与"人、犬、牛"之性是否有别？告子虽然只说了"生之谓性"，但其中其实暗含着"性无善恶"的自然引申。因为在孟子和告子关于人性善恶问题辩论中，告子所持的观点是"人性无善无不善"，而"生之谓性"只是其提出的论据而已。孟子反驳的是告子"性无善恶"之说，而不是在反驳其"生之谓性"。在此，告子先说：事物天生的禀赋就称之为性，言下之意是事物天生的性不会有什么善恶，从而人性也不会有天生的善恶。孟子虽然没有否认其前提，但不同意其因此而得出的结论。而是认为仅从自然角度讲，事物天生的性确实不会有什么善恶，但如从其对人的意义或者说社会角度讲，便有了善恶或者说意义的不同。于是便问"生之谓性也，犹白之谓白与？"当得到告子肯定的回答后，孟子便进一步追问："白羽之白也，犹白雪之白；白雪之白，犹白玉之白与？"孟子之所以如此设问，是因为在他看来"白玉的白"对人来说是有着特殊意义的，"白雪的白"是不能与其相提并论的。这是因为儒家推崇"君子比德于玉"的理念，玉被赋予了君子之德的社会意义。所以我们就不难理解孟子为什么用"白玉的白"来设问。因为"白玉的白"不同于其他一般事物的白，它对人而言象征着品德的纯洁和高尚，它的价值和意义是高于其他一般的白。也就是说，虽然都是事物的天然属性，但对人而言，其价值和意义是不同的。告子并没有意识到这一点或者他并不认同这一点，仍然回答"是的"。于是，便有了孟子进一步以人及人性的反诘："然则犬之性，犹牛之性；牛之性，犹人之性与？"当问到这里时，告子发现这一问题无法回答了。如回答"是"，则意味着自己把人等同于狗和牛，也就是相当于自己在说自己和狗或牛一样。如回答"不是"，那就是认同了孟子的观点,还不如不回答呢!由此可见,人的地位是要高于其他动物的,人们是不愿意和其他动物相提并论的。换言之,人性对人类而言是有着特殊价值和意义的,它不但需要将人与其他动物区别开来,而且还能体现出人的高贵。故孟子断言人性善,禽兽之性不善。

三、性善本于"四心"

公都子曰:"告子曰:'性无善无不善也。'或曰:'性可以为善,可以为不善;是故文武兴,则民好善;幽厉兴,则民好暴。'或曰:'有性善,有性不善;是故以尧为君而有象;以瞽瞍为父而有舜;以纣为兄之子,且以为君,而有微子启、王子比干。'今曰'性善',然则彼皆非与?"孟子曰:"乃若其情,则可以为善矣,乃所谓善也。若夫为不善,非才之罪也。恻隐之心,人皆有之;羞恶之心,人皆有之;恭敬之心,人皆有之;是非之心,人皆有之。恻隐之心,仁也;羞恶之心,义也;恭敬之心,礼也;是非之心,智也。仁义礼智,

非由外铄我也,我固有之也,弗思耳矣。故曰:'求则得之,舍则失之。'或相倍蓰而无算者,不能尽其才者也。诗曰:'天生蒸民,有物有则。民之秉彝,好是懿德。'孔子曰:'为此诗者,其知道乎!故有物必有则;民之秉彝也,故好是懿德。'"[1]公都子问孟子:告子认为人性无所谓善恶,或者说人性可以是善的,也可以是恶的;所以文王、武王兴起,百姓就好善;幽王、厉王兴起,百姓就好恶。或者说有的人本性善,有的人本性恶;尧为君时还有像这样的恶人;恶父瞽瞍还有舜这样贤德的儿子;残暴的纣王还有贤明的叔叔微子启、王子比干。假如说人性本善,那么他们都说错了吗?孟子说:人的本性是可以行善的,这就是我所说的人性善。至于有的人行恶,那不是人的本性。同情心,人人都有;羞耻心,人人都有;恭敬心,人人都有;是非心,人人都有。同情心,就是仁;羞耻心,就是义;恭敬心,就是礼;是非心,就是智。仁、义、礼、智,不是由外面渗入到我内心的,是我本来就有的,只是未曾探索它罢了。所以探求就可以获得,放弃就是失去。人与人有的相差一倍、五倍乃至无数倍,就是因为他们发挥自身善性的程度不同造成的。《诗经》说"天生育众民,万物皆有规则。众民都遵循常道,崇尚美德",孔子说"作这首诗的人是真正懂得道啊!所以他才说万物皆有规则,众民皆遵循常道,所以才崇尚美德"。公都子较为认可告子所说的人性无所谓善恶,或者说人性可以善也可以恶。孟子强调人性本善,至于有的人"行"恶,那不是人的本性。因为同情心、羞耻心、恭敬心、是非心,人人都有。也就是说仁、义、礼、智人人都具备,而且不是由外面渗入到我内心的,是我本来就有的,即性之本然,只是人们不曾认真探究罢了。孟子在此竭力说明仁、义、礼、智都是人与生俱来的。

孟子认为:恻隐,羞恶,辞让,是非,四种情感是仁义礼智的萌芽。仁义礼智这四种德行来自四种情感,故称四端。孟子把四心作为完美人格心性的起码价值尺度。假如一个人没有同情恻隐

---

[1] 《孟子·告子章句上》。

之心,没有羞恶知耻之心,没有礼敬谦让之心,没有好是恶非之心,那他就是一个心性有缺陷的人,一个麻木的人,一个不合格的人。

孟子认为四心是人先天潜在的自性,但他并不否认后天培养的作用。因为四心只是仁义礼智四种道德范畴的发端,只是苗头。如果不用心加以培养扩充,就很容易夭折。四心既然是自性,那么恻隐之心,也应该是人皆有之。当小孩落水,就会有人冒险入水救命;若贫者身患重症,就会有人慷慨解囊相助;看到饱受战争伤害的人民会生同情,看到无以为生的乞讨者会施舍,爱护动物,关注各类小生命,都是恻隐之心的表现。羞恶之心,人皆有之?羞恶之心是无意中做了错事,有羞恶负罪感。有良知的人做错了事,会有羞恶负罪感,良知泯灭的人,则会无动于衷。辞让之心,人皆有之?古有"让则相容,争则相斗"的理念,更有尧舜让贤、孔融让梨的美好言传。是非之心,人皆有之?孟子说:"是非之心,智之端也。"判断是非,显示的是一个人智力的高下,道德素养的厚薄,知识的深浅等素养。

孟子认为"四心"人皆有之,此处所谓"人",乃大写之"人",是具有社会伦理道德之"人",而非生物体之"人"。因为呱呱坠地之婴儿,不会产生不忍人之心;襁褓之婴,赤身裸体,也不会有羞恶之心;襁褓之婴不管见孺子将入于井还是入于火,都不会产生怵惕恻隐之心,这是因为他们还是小"人",没有安危概念,没有正常思辨能力,没有伦理道德,虽有四体,但不可能懂四端。所以孟子所言四端、四体应指能明善恶、能辨是非的大"人"所为。孟子所言四端,乃人的社会属性,是后天在"善"的环境中熏陶出来的,是人和禽兽的本质区别。孟子的高明之处在于:立论"性如水就下"之性是人的本然之性,而以"四心"论证人性善之性变成了人的社会属性。虽有偷换概念之嫌,但表面上看,逻辑还是很严密的,故公都子也无法辩驳,信以为然。

孟子把人类的本性概括为"四心",认为这是人与动物相区别的根本标志。这个观点也应该说是一种较有创造性的见解。尽管用"四心"概括人类的共同性是不够准确的,但它毕竟是属于人类所特有的心理和情感,动物是不可能有恻隐之心、羞恶之心、辞让之心、是非之心的。因此,立足于人的社会性,从心理和情感的角度来区分人性与兽性,具有一定的合理性,并且对于人类进一步展开人性本质的讨论也有很大的启发意义。

四、不学而能,不虑而知

为了强化"仁义礼智,非由外铄我"观点,证明人性善,故孟子曰:"人之所不学而能者,其良能也;所不虑而知者,其良知也。孩提之童无不知爱其亲者,及其长也,无不知敬其兄也。亲亲,仁也;敬长,义也;无他,达之天下也。"① 孟子说:人不需要学习就能做到的,是良能。人不需思考就知道的,是良知。两三岁的小孩,没有不爱父母的,等到长大,没有不尊敬兄长的。亲爱父母就是仁;尊敬兄长就是义;这没有其他原因,因为这两种品德可以通行于天下。孟子认为仁义礼智四端,是人之所固有的,不是后天习得的,这就是"不学而能"、"不虑而知"的良知良能,它能使人自发地具有同情心、正义感,并具有羞惭的自觉和礼让的态度。孟子认为"人之异于禽兽者几希",而唯一区别其实就在于动物的行为根据的是自然本性,而人依据的是仁义、慈爱的善良本性。孟子强调仁义礼智不是从外边求来的,它是基于人性,把人性的本真从内心深处挖掘出来。它对于仁来讲,这是一种良知良能,不带外求的,因而孟子说:"仁之所不学而能者,其良能也。"良能就是与生俱来的能力,是不学而能,这叫良能。"不虑而知者,其良知矣。"不用考虑就知,这就是良知,所以良知良能都是人的本性。孟子在此强调的是儒家文化中的一个核心的问题——人具有良知良能。什么是良知和良能呢?孟子为什么要在理论上张扬不学而能是良能、不虑而知是良知呢?

需要思考的是:孟子此处所言的良能、良知,指的是人生来就

---

① 《孟子·尽心章句上》。

有的，因为不需要学习和思考就可具有，就如同孟子所说仁义礼智人皆有之。那么为什么襁褓之婴不知爱其亲？为什么要"及其长也，无不知敬其兄"呢？所以孟子所说的"人之所不学而能者，其良能也；所不虑而知者，其良知也"中的"不学"与"不虑"是指在当前的情况下，不需要现时学习和长时间的思考，是因为他们经过长时间的学习和磨练，已经具备了相关的知识和基本的判断能力，所以才可以"不学"而能和"不虑"而知。孟子高明之处在于：所谓的"不学"已包含"学"，所谓的"不虑"已包含长时间的"虑"。因为良能与良知之"良"具有社会伦理属性，或者说社会发展到一定历史阶段的一种社会"规范性"，社会所倡导的就是"良"，人必须后天习得，不是与生俱来的，所以孟子所言人的善性也具有后天性，也是后天经过教化而养成的，即人的社会属性。

综上可知，孟子的"性善论"至少具有如下几个特点：首先，孟子用社会属性来界定人的本质属性，指出人与动物的区别在于"仁义"。有则是"人"，无则是"非人"，即禽兽。表明孟子将人视为社会的人，人性善也就明显具有社会属性。其次，孟子以"仁"为性善论的基础，凸显人的道德实践和道德修养的重要意义。为了保持"善"的性质，需要人们自觉地加强修养和提升人格。在理想人格的养成中，孟子对人的道德自觉、主观能动性、道德理性有了比较清醒的认识。再次，孟子让人们看到了人性中的美好的一面，而且也为大多数人努力向善提供了理论依据。"人皆可以为尧舜"，大大缩小了普通人与"圣人"之间的道德距离，为普通人成为"圣人"指明了人格修养的路径与奋斗的目标。

孟子比较系统地辨析了人性善，孟子的性善论既有充分的思想渊源，又有深刻的社会根源。从社会条件来看，孟子所处的时代有别于孔子所处的时代。春秋末期，孔子所处时代属于社会变革的过渡时期，人们认为应该建立新的社会制度，形成新的礼乐制度以及新的社会秩序。战国中期，由于社会矛盾的复杂化，不同层次和不同人的思想品德"劣"的一面得以充分暴露，促使思想家去探索人性，探索人性与现实之间的关系。正是在这样的背景之下,促使孟子对人性问题更加深入思考。从内容上看,孟子人性善的思想是对孔子仁学思想的继承和发展。孔子关于人性问题论述并不多,只说"性相近也,习相远也",孔子主张"仁者,爱人",而且"仁爱"之人还能在道德实践中体现"忠恕之道",即"己欲立而立人,己欲达而达人","己所不欲,勿施于人"。现实的利益和人性的本质"善"形成了鲜明的对比,密切关联人后天受的教育、教化水平,以及人格修养方式等。孟子同样重申"善"性的彰显需要人自觉加强修养和提升人格,强调人只要重视存心养性,努力向善,"人皆可以为尧舜"。

第二节 天人合一思想

关于"天"的概念,中国古代圣贤多有阐释。孔子曰:"天何言哉?四时行焉,百物生焉,天何言哉?"① 孔子说:天何尝说话?四季照常运行,百物照样生长。天说了什么话呢?孔子又曰:"天生德于予,桓魋其如予何?"② 孔子又说:上天把德赋予了我,桓魋能把我怎么样?《荀子》曰:"天有其时,地有其财,人有其治,夫是之谓能参。"③ 荀子认为:只有顺其自然,才能掌握天时,利用万物。强调只有尽人、物的自然之性,方能参与天地之化育。何为"天"? 学界一般认为:"天"就是世界万物,或自然规律。

"天人合一"理念在中国哲学史上出现较早,《周易》就有"会天道、人道"的思想,认为"天"、"人"之间的关系实为相通的、内在的、相互关联的关系。儒家的"天人合一"思想从一开始便是讨论人在宇宙中的地位以及人类的精神价值来源。《中庸》开篇即讲"天命之谓性",人性的根源在于天。《周易》讲"圣人与天地合其德",明确圣人与天地化合而成道德。孟子曰:"天与贤,则与贤;天与子,则与子。……舜、禹、益相去久远,其子之贤不肖,皆天也,非

---

① 《论语·阳货》。
② 《论语·述而》。
③ 张觉:《荀子译注》,上海古籍出版社,1995年,第346页。

人之所能为也。莫之为而为者,天也。"①孟子说:上天想把天下给贤人,就会给贤人;上天想把天下给儿子,就会给儿子。……舜、禹、益之间,相去久远,他们的儿子贤明或不贤明,都是天意,不是人的力量所能为的。没有人叫他们这样做,而竟然这样做了,都是天意。孟子又曰:"尽其心者,知其性也。知其性,则知天矣。存其心,养其性,所以事天也。"②孟子又说:人如果能充分扩张善良的本心,就是懂得了人的本性。懂得了人的本性,就懂得天命了。保存人的本心,培养人的本性,就可以侍奉天了。孟子还曰:"以行与事示之者如之何?……使之主祭而百神享之,是天受之;使之主事而事治,百姓安之,是民受之也。天与之,人与之,故曰,天子不能以天下与人。舜相尧二十有八载,非人之所能为也,天也。"③孟子还说:上天不说话,是用行为和事实来示意而

---

① 《孟子·万章章句上》。
② 《孟子·尽心章句上》。
③ 《孟子·万章章句上》。

已。尧派舜主持祭祀仪式,一切神灵都来享用,这是上天接受了;派舜主持政事,而政事治理井井有条,老百姓都安居乐业,这就是民众接受了。是上天把天下交给舜,是人民把天下交给舜,所以说,天子不能把天下交给他人。舜辅佐尧二十八年,这不是单凭人力就能做到的,这有上天的力量。凡事不是人力所能办到的却自然办到了的,都是天意。由此可知,"天人合一"至少有两层含义:一是天人一致。宇宙自然是大天地,人则是一个小天地,或者说人是天地之一部分。二是天人相应,或天人相通。是说人和自然在本质上是相通的,故一切人事均应顺乎自然规律,达到人与自然和谐。这与道家"人法地,地法天,天法道,道法自然"似乎是一致的。孟子的"天人合一"思想,主要强调天是人力之外的决定力量,人只要能尽心养性,以天作为心的终极根据,不仅可以"知天",还可以遵"天",能达到"天人合一"的境界。汉代大儒董仲舒在孟子"天人合一"思想基础上,明确提出"天人之际,合而为一"的思想,并在此基础上提出天意与人事能交感相应的"天人感应"概念。董仲舒明显继承和发展了孟子的"天人合一"思想,或者说孟子"天人合一"思想是董仲舒"天人感应"思想的渊源。那么董仲舒为什么要申发孟子的天人合一思想呢?他仅仅出于推崇孟子吗?不是,主要是为他的"君权神授"立论寻找圣学依据。董仲舒不仅提出"天人感应"思想,还提出"君权神授"概念。天人感应的基本思想就是以君应天,以天应人。就是说君主的权力是由上天授予的,但是这个权力不能让君主为所欲为,也要顺应天命,并且天命与人民的意愿相通,天命通过人们的意愿表达出来。秦行暴政,忤逆天意,天意让人民起来反对秦朝,而刘邦顺应民意,推翻了秦,建立了汉,顺应天命成了皇帝。董仲舒为了维护皇权的绝对性,强调王权的合理合法性,故提出"君权神授"理论,目的是从理论上解决汉代替秦的合法性问题。董仲舒"天人感应"和"君权神授"不仅在理论上解决了封建王朝更替的合法性问题,也契合了孟子"天不言,以行与事示之而已矣"的"天人合一"思想。

　　"天人合一"是中国古代哲学最为重要的思想之一,几乎是儒、释、道各家学说都认同和主张的精神追求。"天人合一"强调的是人类社会与自然世界之间的协调统一关系。在中国传统文化中,人对"天"有敬畏之心、反观之心,人与天相生相应,故人与天有对照之心、合一之心。那么效法自然,就是天道;效法天道,就是人道;天之道,是万物运行的规律;人之道,是人类社会发展的规则;人道对应了天道,就顺应了人类社会发展之大道。

第三节　和　谐　论

　　《说文》:"和,相应也。"就是相互呼应,协同一致。《广雅》:"和,谐也。"而"谐"则是"大家一同发声"且"异口同声",所以和即谐,谐亦和也。中国古代圣哲倡言:"九合诸侯,如乐之和,无所不谐。"①

---

①　李学勤主编:《春秋左传正义》,北京大学出版社,1999年,第902页。

"百姓昭苏,协和万邦。"①"首出庶物,万国咸宁。"②中国传统文化中强调"内睦者家道昌,外睦者人事济"③、"亲仁善邻,国之宝也"④、"万物并育而不相害,道并行而不相悖"⑤。孟子所言"和谐"是指人与人和谐交往,社会和谐稳定,人与自然和谐共处。孟子在价值观上遵从孔子"和为贵"的思想,提出了著名的"天时不如地利,地利不如人和"的社会和谐理念。那么社会和谐的基础是什么?社会和谐的核心是什么?实现社会和谐的途径又是什么呢?

一、经济和谐是社会和谐的基础

所谓经济和谐,就是人人有饭吃,个个有衣穿,家家有房住,万民生活无忧。孟子和谐思想一个重要的方面是重视物质利益在"仁政"中的基础地位,强调经济和谐是社会和谐的基础。他认为要实现以人际和谐为首要目标的仁政,就必须有一个和谐的经济基础,没有一个和谐的经济基础,仁政王道的统治秩序就不可能出现,社会和谐就是空想。孟子非常重视构建人与人之间在物质利益和经济生活上的和谐关系。第一,要制民之产。一个和谐的社会,必须使每一个普通百姓拥有一份能供养全家所需的生活资料、能满足发展需要的物质资料,孟子强调"有恒产者有恒心,无恒产者无恒心"⑥、"养生丧死无憾,王道之始也"⑦。没有基本的生活保障和生存所需,人们无以为生就易于违法犯罪,如此人际和谐、社会稳定就是空话。"民之为道也,有恒产者有恒心,无恒产者无恒心。苟无恒心,放辟邪侈,无不为已。及陷乎罪,然后从而刑之,是罔民也。焉有仁人在位罔民而可为也?"⑧家有基本的

---

① 李学勤主编:《尚书正义》,北京大学出版社,1999年,第27页。
② 李学勤主编:《周易正义》,北京大学出版社,1999年,第9页。
③ 〔宋〕李邦献:《省心杂言》,函海本,第1页。
④ 李学勤主编:《春秋左传正义》,北京大学出版社,1999年,第103页。
⑤ 李学勤主编:《礼记正义》,北京大学出版社,1999年,第1460页。
⑥ 《孟子·滕文公章句上》。
⑦ 《孟子·梁惠王章句上》。
⑧ 《孟子·滕文公章句上》。

生活所需,能满足人的基本生存发展需要,才能促进社会和谐。换言之,人无温饱,社会礼仪和秩序就得不到遵循,社会就不安定,也就不可能和谐。第二,要发政施仁。在孟子的经济和谐思想中,还有一个非常重要且可贵的观点,这就是高度重视和关心弱势群体的生存状态。孟子曰:"保民而王,莫之能御也。……故推恩足以保四海,不推恩无以保妻子。古之人所以大过人者,无他焉,善推其所为而已矣。……是故明君制民之产,必使仰足以事父母,俯足以畜妻子,乐岁终身饱,凶年免于死亡;然后驱而之善,故民之从之也轻。"①孟子从"平治天下"的治国理念出发,认为要实现社会各个阶级和阶层和谐相处,有赖于统治阶级和贵族阶层对社会底层百姓和弱势群体在物质生活上的关心和抚恤。一个"仁政"化的治国方略中,不可或缺的重要环节就是要以"保民"、"推恩"为原则,积极主动地关怀和帮助弱势群体,就是要对

---

① 《孟子·梁惠王章句上》。

那些孤弱无助者援之以手，使他们也能有起码的生活保障，维持基本的生存需要。"老而无妻曰鳏，老而无夫曰寡，老而无子曰独，幼而无父曰孤。此四者，天下之穷民而无告者。文王发政施仁，必先斯四者。"①一个和谐的社会，决不能忽视、歧视弱势群体及其生存状况，必须"以不忍人之心，行不忍人之政"②，否则，"庖有肥肉，厩有肥马；民有饥色，野有饿莩，此率兽而食人也"③，面对穷苦无助者不管不顾，就如同驱赶野兽去吃人，这样社会就不可能稳定，更谈不上和谐。

二、道德和谐是社会和谐的核心

所谓道德和谐，是指社会群体有较为一致的道德认同和道德修养，人与人之间建立起与人为善、助人为乐、团结协作的人际关系。孟子把物质经济条件视为王道仁政的基础，并没有把经济因素视为通往和谐社会的唯一大道，孟子坚持道德和谐是社会和谐的核心。孟子曰："上下交征利而国危矣。万乘之国，弑其君者，必千乘之家；千乘之国，弑其君者，必百乘之家。万取千焉，千取百焉，不为不多矣。苟为后义而先利，不夺不餍（yàn，满足）。未有仁而遗其亲者也，未有义而后其君者也。"④孟子认为：如果全国上下互相争夺利益，国家就危险了。为了利益杀害国君的人一定是诸侯和大夫；如果利先义后或唯利是图，诸侯和大夫不夺取国君的地位是永远不会满足的。不讲"仁"的人连父母都能抛弃，从来不讲"义"的人是不会顾及君王的。孟子认为经济因素对构建和谐社会只是打下了一个必不可少的物质基础，但物质经济的因素只是实现理想王道统治的一个基本前提和首要环节，道德建设才是构建和谐社会更为实质性的工程。道德建设是建设理想的和谐社会的王道政治的核心。因为作为王道政治的和谐社会，

---

① 《孟子·梁惠王章句下》。
② 《孟子·公孙丑章句上》。
③ 《孟子·梁惠王章句上》。
④ 《孟子·梁惠王章句上》。

其本质在于社会人际的和谐,而社会人际和谐,主要内容是建立与人为善、助人为乐、团结协作的人际关系,这样一种和谐关系并不会直接、必然从物质经济关系中引申出来。孟子认为人们只有基于仁义道德,才能形成一种真正友爱和协作的人际关系,才能构建真正融洽和谐的社会。否则,"上下交征利,而国危矣"。孟子又曰:"老吾老,以及人之老;幼吾幼,以及人之幼。天下可运于掌。"①孟子认为:尊敬自己的老人,并由此推广到尊敬别人的老人;爱护自己的孩子,并由此推广到爱护别人的孩子。做到了这一点,整个天下便会像在自己的手掌心里运转一样容易治理了。换句话说,如果"爱"能得以推广,则天下和谐。孟子还曰:"君子以仁存心,以礼存心。仁者爱人,有礼者敬人。爱人者,人恒爱之;敬人者,人恒敬之。"②认为君子之所以不同于一般人,就因为

① 《孟子·梁惠王章句上》。
② 《孟子·离娄章句下》。

君子能存善心养善性。君子用仁德、用礼敬修养善心善性。具有仁德的人就爱别人,具有礼仪的人就尊敬别人;爱别人的人,人们总是爱戴他;尊敬别人的人,人们总是尊敬他。换言之,敬、爱是双向的,你敬人一尺,别人就敬你一丈。仁,就是要人人对他人充满仁慈友好之心;义,就是要人人做正当合理的符合各自身份之事。人人依仁据义,社会必然和谐有序。

三、"庠序之教"是实现和谐的重要途径

孟子重视"庠序之教",就是重视民众道德教化和伦理道德养成。认为在百姓生活安定,丰衣足食以后,就需要进行正确的思想观念和价值理念的引导。教育是提高道德精神境界的重要途

径,通过不断学习,加强实践,使内心的"善端"由自在的感性阶段,上升到自觉的理性阶段。故孟子曰:"设为庠序学校以教之。庠者,养也;校者,教也;序者,射也。夏曰校,殷曰序,周曰庠;学则三代共之,皆所以明人伦也。"[①]意思是要开办庠、序、学、校,教化百姓,使之懂得人与人之间的伦理关系。"谨庠序之教,申之以孝悌之义,颁白者不负戴于道路矣。"[②]注重学校的教育,教之以孝敬长辈的道理,须发花白的老人就可以颐养天年,不再会肩挑头顶出现在道路上了。政府开办庠、序、学、校以教化百姓伦理道德,社会就会出现"父子有亲,君臣有义,夫妇有别,长幼有序,朋友有信"[③]的景象,那么全社会就能呈现出:父子之间有骨肉之亲,君臣之间有礼义之道,夫妻之间有内外之别,老少之间有尊卑之序,朋友之间有诚信之德。如此一般,就是理想的和谐社会。

四、人与自然和谐是社会和谐的组成部分

孟子在强调社会和谐的同时,重视人与自然的和谐,实际上人与自然和谐也是社会和谐的重要组成部分。孟子曰:"夫君子所过者化,所存者神,上下与天地同流,岂曰小补之哉?"[④]意指圣人所到过的地方,人们受到感化,所停留的地方,感化之力神秘莫测,君民上下与天地协调运转,怎么能说是小小补益呢? 这也契合孟子"天人合一"思想,侧重于"天伦"与"人伦"的合一。"天伦"一般指自然界的运动变化规律,"人伦"一般指人类行为的客观规律和人应当遵守的道德行为规范。一般情况下"天伦"顺乎"人伦","人伦"必须遵循"天伦",否则人与自然就会出现不和谐。孟子曰:"君子之于物也,爱之而弗仁;于民也,仁之而弗亲。亲亲而仁民,仁民而爱物。"[⑤]孟子说:贤明之人对于万物,爱惜却不用仁

---

① 《孟子·滕文公章句上》。
② 《孟子·梁惠王章句上》。
③ 《孟子·滕文公章句上》。
④ 《孟子·尽心章句上》。
⑤ 《孟子·尽心章句上》。

第三章 孟子哲学智慧

德对待它;用仁德对待百姓,却不单单亲爱某一个人。贤明之人亲爱亲人,因而仁爱百姓;仁爱百姓,因而爱惜万物。早在两千多年前,孟子就重视人与自然的和谐,提出了"仁民爱物"思想,要求保护环境,促进人与自然和谐相处。要做到"仁民爱物",必须不违农时,尊重自然规律。孟子曰:"不违农时,谷不可胜食也;数罟不入洿池,鱼鳖不可胜食也;斧斤以时入山林,材木不可胜用也。谷与鱼鳖不可胜食,材木不可胜用,是使民养生丧死无憾也。"①意思是说:统治者不影响农民按时耕种,粮食就会多得吃不完;细密的渔网不到池塘里捕鱼,鱼鳖就会多得吃不完;在合适的时节进山伐木,木材就会多得用不完。粮食和鱼鳖多得吃不完,木材多得用不完,这样老百姓养生葬死都没有遗憾了。如此,社会也就和谐了。孟子深谙合理地开发利用自然资源的道理,强调适时取物,保护好生态环境,使自然资源的生产和消费保持良性循环,才

---

① 《孟子·梁惠王章句上》。

能保证人类有取之不尽、用之不竭的生活资源。此乃人与自然和谐之功也。

依据"天人合一"思想，人与自然是一个不可分割的整体，二者彼此相通、息息相关。人类不能一味地向自然索取，片面地利用自然与征服自然，而应该处理好与自然的关系，认识自然，尊重自然，保护自然，而不能无节制地开发、破坏自然。只有人与自然的和谐共生，人类才能享受大自然的丰厚赐予，才能达到"天人和谐"。

孟子人性本善、天人合一、社会和谐思想，哲思深邃，蕴含丰富。孟子哲学思想影响古今中外，不仅影响哲学发展，而且对政治、文化发展影响深远，对促进社会精神文明建设和社会和谐发展意义巨大。

第四章 孟子伦理智慧

伦理,一般是指一系列指导行为的观念,是对道德现象的哲学思考。它不仅包含处理人与人、人与社会和人与自然之间关系的行为规范,而且也蕴涵着依照一定原则来规范行为的深刻道理。

"伦,辈也,从人,侖声;一曰道也,……伦犹类也"①;"理,治玉也。从玉,里声;……理者,察之而几微,必区以别之名也;……理者,分也"②。把"伦"和"理"连起来理解,"伦理"的字义就是辈分的区分。中国古代视家庭为社会的核心,而辈分则是中国古人处理家庭关系的主要依据,也是个人修养的最基本内容。儒家按"修齐治平"的次序,把辈分这种"修身"的基础和"齐家"的原则扩展到"治国、平天下",形成了独特的家国秩序,成为中国传统文化的鲜明特色。由此可见,伦理是维系以家庭为核心的社会关系的原则,既意味着人与人之间的关系,又包含关系之理、关系之则。

儒家伦理思想最早由孔子提出,其核心理念可归纳为仁、义、礼、智、信。再经孟子和荀子的发展,后经《大学》《中庸》的深化,构成了一套比较系统的理论。儒家非常重视伦理问题,伦理思想是儒家学说的核心,并与其哲学、政治思想融为一体,构成完整的理论体系。孟子对孔子伦理思想有明显的继承,但又具有独特的关注视角,在人伦、人格、气节、义利等方面见解独到,影响深远。

---

① 〔清〕段玉裁:《说文解字注》,上海古籍出版社,1988年,第372页。
② 〔清〕段玉裁:《说文解字注》,上海古籍出版社,1988年,第15页。

第一节 明鉴人伦

孟子的人伦思想源于孔子。《论语》曰:"齐景公问政于孔子。孔子对曰:'君君、臣臣、父父、子子。'公曰:'善哉!信如君不君、臣不臣、父不父、子不子,虽有粟,吾得而食诸?'"①这里孔子仅列举了君臣、父子两种人伦关系,也是两种最主要的人伦关系。孟子发展了孔子人伦思想,提出了"五伦",即封建社会中君臣、父子、夫妇、兄弟、朋友及各种尊卑长幼关系。在孟子人伦思想中,蕴涵着仁、义、礼、智、信的内核,充满善,别具一格。孟子曰:"后稷教民稼穑,树艺五谷;五谷熟而民人育。人之有道也,饱食、暖衣、逸居而无教,则近于禽兽。圣人有忧之,使契为司徒,教以人伦,——父子有亲,君臣有义,夫妇有别,长幼有序,朋友有信。"②孟子说:后稷教老百姓种庄稼,栽培谷物,谷物成熟了才能够养育百姓。人之所以为人,吃饱了,穿暖了,住得安逸了,如果没有教育,那就和禽兽差不多。圣人又为此而忧虑,便派契做司徒,主管教育。用人与人之间应有的伦常关系和道理来教育百姓——父子之间有骨肉之亲,君臣之间有礼义之道,夫妻之间有内外之别,老少之间有尊卑之序,朋友之间有诚信之德。孟子认为父子要重骨肉亲情,君臣要言礼义之道,夫妻要讲内外之别,老少要有尊卑之序,朋友要持诚信之德。不同的社会关系,坚守的伦理是有别的。孟子在明人伦过程中,对父子、君臣、夫妇、长幼、朋友关系阐述详尽,极富启发性。

"父子有亲",明确了父子关系是家庭中的核心关系。"道在迩而求诸远,事在易而求诸难;人人亲其亲、长其长,而天下平。"③说明了亲情的重要性。在父子关系中,孟子重视"孝":"世俗所谓不孝者五,惰其四支,不顾父母之养,一不孝也;博弈好饮酒,不顾

---

① 《论语·颜渊》。
② 《孟子·滕文公章句上》。
③ 《孟子·离娄章句上》。

第四章 孟子伦理智慧

父母之养,二不孝也;好货财,私妻子,不顾父母之养,三不孝也;从耳目之欲,以为父母戮,四不孝也;好勇斗狠,以危父母,五不孝也。"①孟子用"不孝"说明了孝的内容。"内则父子……父子主恩"②,在家里有父子关系,父子之间以慈爱为要。如何保持慈爱呢?孟子曰:"不得乎亲,不可以为人;不顺乎亲,不可以为子。舜尽事亲之道而瞽瞍(gǔ sǒu,舜的父亲)厎(zhǐ,水去后其地已致平复)豫,瞽瞍厎豫而天下化,瞽瞍厎豫而天下之为父子者定,此之谓大孝。"③孟子说:不得到父母的欢心,不可以做人;不顺从父母的旨意,不能做儿子。舜竭力侍奉父母,结果他父亲瞽瞍高兴起来,瞽瞍高兴了,天下的风俗因此转好;瞽瞍高兴了,天下父子间的伦常也就确定了,这就叫做大孝。若就某一问题父子之间意见不一致怎么办?孟子曰:"父子之间不责善。责善则离,离则不祥

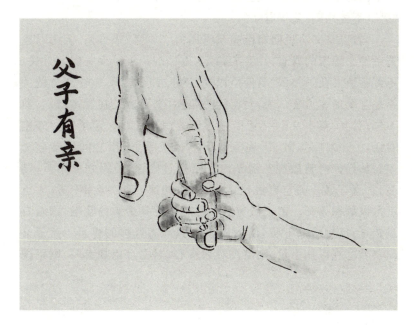

---

① 《孟子·离娄章句下》。
② 《孟子·公孙丑章句下》。
③ 《孟子·离娄章句上》。

莫大焉。"①孟子说：父子之间不要因求善而互相责备，因求善而互相责备就会使父子产生隔阂而互相分离，父子之间有了隔阂，这是最不好的事。若希望父子之间骨肉亲情不分离，那就不要讨论是非对错问题，不要因此起争执而伤了亲情。父子不"责善"是否有方法？孟子曰："教者必以正；以正不行，继之以怒。继之以怒，则反夷矣。'夫子教我以正，夫子未出于正也。'则是父子相夷也。父子相夷，则恶矣。古者易子而教之。"②孟子说：教育必须要用正理引以正道，用正理正道引而无效，执教者就会发怒。怒气一产生，就会伤害父子之情。儿子会说："您用正理正道教育我，可您的行为却不出于正理正道。"这样父子之间就相互伤感情了。父子之间相互伤感情，关系就会恶化。所以古时候的人交换儿子来教育。如此则父子就不会"责善"了，不"责善"就不相"恶"，不相恶则"父子有亲"。

"君臣有义"，说明君臣关系需用"仁"、"义"来维系，因为君臣关系关乎国家的盛衰，社会的稳定，万民的福祉。事关国家万民，不可不慎。孔子主张"君使臣以礼，臣事君以忠"③，君臣双方的关系是互动的。孟子认为，君臣能否相和，主要责任在君，"君仁，莫不仁；君义，莫不义"④。孟子在君臣之间重视臣。孟子曰："外则君臣，……君臣主敬。"⑤在家外有君臣关系，君臣之间以恭敬为主。如何保持恭敬呢？孟子曰："君有过则谏，反覆之而不听，则去。"⑥孟子说：国君有过错，大臣就要劝谏，反复劝谏不听，大臣就可以辞职离开。孟子认为臣尽心履职就是最大的恭敬，国君有过错，臣反复劝谏不听，臣就应该辞职远离这样的昏君。孟子又曰："君之视臣如手足，则臣视君如腹心；君之视臣如犬马，则臣视

---

① 《孟子·离娄章句上》。
② 《孟子·离娄章句上》。
③ 《论语·八佾》。
④ 《孟子·离娄章句下》。
⑤ 《孟子·公孙丑章句下》。
⑥ 《孟子·万章章句下》。

君如国人;君之视臣如土芥,则臣视君如寇仇。"①孟子认为:君主若把臣子当作手足,臣子就应该把君主当作心腹;君主若把臣子当作犬马,臣子就可以把君主视为路人;君主若把臣子当作尘土草芥,臣子就会把君主视为强盗仇敌。孟子追求君臣人格平等,反对臣对君的无原则地迁就,或阿谀奉承;更反对臣与君同流合污,戕害百姓。孟子还曰:"长君之恶其罪小,逢君之恶其罪大。今之大夫皆逢君之恶,故曰,今之大夫,今之诸侯之罪人也。"②孟子认为:助长国君的恶行,其罪还算小;迎合国君的恶行,罪就大了。如今的大夫,都是在迎合国君的恶行,所以说,如今的大夫,都是如今诸侯的罪人。这是因为:助长国君的恶行,国君也许还有幡然悔悟、迷途知返的可能;如果国君行恶,臣不仅不劝谏,还无原则迎合国君的恶行,国君会认为自己行仁合义,其恶行会有逐渐升级之势,如此臣不仅是不恭,而且罪恶之大就超过国君。

---

① 《孟子·离娄章句下》。
② 《孟子·告子章句下》。

如果臣知道君行恶,也劝谏君,而国君不予采纳怎么办？孟子曰：
"君有大过则谏;反覆之而不听,则易位。"①也就是说：国君有大
的过错,臣反复劝谏君都不听,继续行恶,那就只能另立国君了。
孟子的君臣之道,虽言恭敬,而以履职为首要,且是有原则的,君
必须行仁保民,否则谏而不听,要么臣走,要么另立新君。孟子甚
至说："贼仁者谓之贼,贼义者谓之残,残贼之人,谓之一夫。闻诛
一夫纣矣,未闻弑君也。"②孟子认为：国君做得不仁不义,大臣完
全可以推翻国君,这不能称之为"弑君",而是救民于水火,为民除
害。孟子这一观点与孔子的观点不同。孔子的观点是：国君即使
做得非常差,大臣也不可以推翻国君。而国君只要对大臣有礼就
行了,国君永远是国君。孔子君臣观只强调"礼",合"礼"即可；孟
子君臣观强调的是道,也就是仁义。"义在君臣之间",君合道则
谏则立,君不合道或去或废。

"夫妇有别",孟子强调妇女以柔顺为美德,妻子应当顺从丈
夫。他还借一个即将出嫁女儿母亲的话,表达自己的这一思想：
"丈夫之冠也,父命之；女子之嫁也,母命之,往送之门,戒之曰：
'往之女家,必敬必戒,无违夫子,以顺为正者,妾妇之道也。'"③意
思是说：男子行成年礼,父亲对他有所嘱托；女子要出嫁,母亲有
所嘱托并送到大门口,告诫她说：到了你自己的家,必须恭敬,必
须谨慎,不要违抗丈夫。以顺从作为准则,是为人妻妾的道理。
事实上,孟子在此并没有说清楚"别",而"夫妇有别"重在"别",不
在"顺"。自从有了婚姻制度之后,就有了夫妇之人伦。夫妇在家
庭中位于核心位置,夫妇关系出现问题,则家庭不和,进而影响到
社会和谐。"夫妇有别"就是要求人们正确处理好"夫妇"一伦。
什么是"有别"？ 就是有所分别。为什么要有所分别？ 因为男人
和女人从生理到心理,从思维到习惯,从性格到行为,从家庭分
工、角色担当乃至肩负的社会责任等,都有着很大的区别。"夫妇

---

① 《孟子·万章章句下》。
② 《孟子·梁惠王章句下》。
③ 《孟子·滕文公章句下》。

第四章 孟子伦理智慧

有别",首先是别在定位上。《周易》曰:"家人,女正位乎内,男正位乎外。男女正,天地之大义也。"①女人在家中的位置是主内,男子则是主外,男女地位摆正了,才符合天地阴阳之大道。《周易》还曰:"阴虽有美,含之以从王事,弗敢成也。地道也,妻道也,臣道也。"②阴虽有美德才华,但要含蓄不露地为阳的事业服务,不敢使自己成名。这就是大地的道,这就是做妻子的道,这就是为人臣的道。阴阳五行是天地万物运行的大道,在家庭中,夫为阳,妻为阴,阴只能辅助阳,而不能压制阳而显露自己,否则即为逆天而行。基于这种"男主外,女主内"的分工之别,男人应当是家里的顶梁柱,女人则应当是男人的贤内助。男人闯荡江湖,女人相夫教子;男人耕田,女人织布。其实这是强调夫妇角色分工,并不一味宣扬男尊女卑。因为古代生产力低下,外出劳动,主要靠体力;而家庭事务,特别是烹饪、织布、抚育孩子等,靠的是心灵手巧;故

---

① 李学勤主编:《周易正义》,北京大学出版社,1999年,第158页。
② 李学勤主编:《周易正义》,北京大学出版社,1999年,第32页。

古人倡导男主外，女主内，夫妇各显其长。"夫妇有别"，还别在各自所应当遵循的伦理规范之不同。男人要遵循男人的伦理规范，做大丈夫，做君子；女人要遵循女人的伦理规范，做淑女，做贤妻良母；男人要有阳刚之气，女人要有温柔之美。不难看出，我国古代正是由于"男女有别"才使得夫妻之间彬彬有礼，各司其职，家庭稳固，阖家幸福。在孟子"夫妇有别"思想中，更多的是强调夫妇在家庭中合理分工，各显其长，各负其责，和谐相处，才能使"夫妇有别"变成"夫妇有爱"，家庭兴旺，社会才能和谐发展。

"长幼有序"是儒家思想中的基本伦理关系之一，区分"长"与"幼"的目的在于明确尊卑先后的秩序，从而构建"长幼有序"的社会。因此对于"长幼"伦理概念的关注，主要集中于"有序"。论及"长"与"幼"之间的互动关系，儒家学者又往往侧重于"幼"对"长"的敬、顺，即"悌"。因而"长幼有序"在一定程度上是针对"幼"的行为规范。中国古代"长"、"幼"概念的界定标准是：在宗族之内，先看辈分，长是长辈，幼是晚辈；同一辈分之内再看年龄，长为年

第四章 孟子伦理智慧

龄偏长者,幼为年龄偏少者。在宗族之外,一般根据年龄的大小区分长幼。探讨"长幼"问题的目的,集中于"长幼"之间的关系如何处理。孟子针对不同的伦常关系提出了相应的要求,即"父子有亲,君臣有义,夫妇有别,长幼有序,朋友有信"。这里对长幼关系的阐释落在"尊卑之序"上,是将长幼之间的伦常差别对应为社会生活中的等级秩序。具体到长幼,就是要确立长者和幼者之名,建立长者先,幼者后的秩序。《荀子》曰:"曷谓别?曰:贵贱有等,长幼有差。"①这种差别是什么呢?贵与贱有一定的等级,长与幼有一定的次序。《荀子》还曰:"故先王案为之制礼义以分之,使有贵贱之等,长幼之差,知愚、能不能之分,皆使人载其事而各得其宜。"②所以古代圣明的帝王给人们制定了礼义来区别他们,使他们有高贵与低贱的等级,有年长与年幼的差别,有聪明与愚蠢、贤能与无能的分别,使他们每人都承担自己的工作而各得其所。明代学者吕坤也说:"一门之内,父子兄弟、长幼尊卑,各有条理,不变不乱,是曰家常;饮食起居,动静语默,择其中正者守而勿失,是曰身常。得其常则治,失其常则乱。"③认为一家之内,长幼之间的尊卑之序,是不可超越本分的章法。《孟子》曰:"孟季子问公都子曰:'何以谓义内也?'曰:'行吾敬,故谓之内也。''乡人长于伯兄一岁,则谁敬?'曰:'敬兄。''酌则谁先?'曰:'先酌乡人。'"④可见,乡党之间举行饮酒礼仪,只按照年龄大小行敬酒礼仪,不考虑血缘关系上的亲疏。而对于在礼仪中担任职务的人,则又不论年龄大小都要把优先的尊敬给予他。《孟子》还曰:"'敬叔父乎?敬弟乎?'彼将曰:'敬叔父。'曰:'弟为尸,则谁敬?'彼将曰:'敬弟。'子曰:'恶在其敬叔父也?'彼将曰:'在位故也。'"⑤在祭祀礼仪中,担任祭祀主持的弟弟虽然年龄小,但因为其职务重要而得到更高

---

① 张觉:《荀子译注》,上海古籍出版社,1995年,第395页。
② 张觉:《荀子译注》,上海古籍出版社,1995年,第61页。
③ 〔明〕吕坤:《呻吟语》卷一,广陵书社,2009年,第21—22页。
④ 《孟子·告子章句上》。
⑤ 《孟子·告子章句上》。

的尊敬。可见在不同的场合"长幼有序"并非唯一的秩序准则。也就是说"长幼有序"中内含"贵贱有序"。明代敖英云："或问长幼之序,专序齿耶？不专序齿耶？予曰：兄弟之长幼序齿也,伯叔侄之长幼不序齿也。"①认为年龄、辈分等因素,是影响"长幼有序"排列的基本标准。

　　论及兄弟、长幼之间的关系,兄对弟、长对幼的行为标准皆指向"友"、"爱",而弟对兄,幼对长的行为标准皆指向"敬"、"顺"。虽然"兄友弟悌"是兄与弟、长与幼之间的互动关系,但这一对关系的重点往往落在幼对长的顺从、恭敬上。《孟子》曰："曹交问曰：'人皆可以为尧舜,有诸？'孟子曰：'然。''交闻文王十尺,汤九尺,今交九尺四寸以长,食粟而已,如何则可？'曰：'奚有于是？亦为之而已矣。有人于此,力不能胜一匹雏,则为无力人矣；今日举百钧,则为有力人矣。然则举乌获之任,是亦为乌获而已矣。夫人岂以不胜为患哉？弗为耳。徐行后长者谓之弟,疾行先长者谓之不弟。夫徐行者,岂人所不能哉？所不为也。尧舜之道,孝弟而已矣。子服尧之服,诵尧之言,行尧之行,是尧而已矣；子服桀之服,诵桀之言,行桀之行,是桀而已矣。'"②曹交询问孟子怎样成为尧舜那样的圣人,孟子告之以"悌",强调做到了恭敬顺从长者这一点,就可以成为尧舜了。孟子把长幼先后之秩序所代表的社会价值置于无以复加的高度,与战国时期混乱无序的社会状况有关,也体现了孟子维护社会秩序的价值追求。

　　孟子言"朋友有信",孔子也强调"朋友有信"。《论语》云："曾子曰：'吾日三省吾身：为人谋而不忠乎？与朋友交而不信乎？'"③曾子说："我每天多次反省自己：替别人办事是不是尽心竭力了呢？同朋友交往是不是诚实可信了呢？"《论语》又云："子夏曰：'贤贤易色；事父母,能竭其力；事君,能致其身；与朋友交,

---

① 〔明〕敖英.《东谷赘言》,南昌得庐,1916年,第7页。
② 《孟子·告子章句下》。
③ 《论语·学而》。

第四章　孟子伦理智慧

言而有信。虽曰未学,吾必谓之学矣。'"①子夏说:"一个人能够看重贤德而不以女色为重;侍奉父母,能够竭尽全力;服侍君主,能够献出自己的生命;同朋友交往,说话诚实恪守信用。这样的人,尽管他自己说没有学习过,我一定说他已经学习过了。"可见朋友间讲"信"是儒家的传统。儒家认为人是生活在"关系"中,不存在所谓的"个人"。人一定是一个角色,而角色是一种关系,不是一个个完全孤立的人。角色各式各样,什么样的角色关系最重要呢?这就是五伦关系了。五伦关系的限定,各自凸显最主要、最核心的内涵,而其他的关系往往被淡化或忽视。也就是说,各种社会关系都可以回到五伦中来讲,都可以在五伦关系中找到相应的位置。讨论五伦关系的基本原则,也就是讨论各种社会关系。在孟子所言的五种关系中,父子、夫妇、兄弟(长幼),是家内的关系,君臣和朋友是家外的关系,孟子没有把"义"、"信"放在家人关

---

① 《论语·学而》。

系中,也没有把"亲"、"别"、"悌"放在家外关系中。同时君臣讲"义",朋友讲"信",说明"君臣有义"的要求比"朋友有信"的要求高。孟子没有把"义"、"信"放在家内来说,说明孟子认为家内"义"、"信"应是"自在的",不言自明的,或者说"义"、"信"在家人间是基本的存在,若在家内讲"义"、"信",那就是一个"见外"的话题。在中国文化的构词中,"信"比"义"的要求低,"信"提高要求就是"忠","忠"降低要求才是"信"。因为"信"内含有委托之意,而委托往往对着一件事情而言的,办完了这件事,就表明信任活动结束了,下一次的信任就等着下一个委托的开始。而"忠"涉及人的全部——从思想到身体,当一种关系用"忠"来表述的时候,就等于说为了事业、信仰或者一个特定的人,在必要时可以献出他的思想和生命。由此来看,在君臣之间只讲"信"是不够的,有更高的要求需要维系。所以"信"是做朋友的原则,也是五伦中关系密切程度相对低的一伦。

　　孟子曰"朋友有信",也就是说朋友之间有诚信之德。如何才算"有信"呢?孟子曰:"居下位而不获于上,民不可得而治也。获于上有道,不信于友,弗获于上矣。信于友有道,事亲弗悦,弗信于友矣。悦亲有道,反身不诚,不悦于亲矣。诚身有道,不明乎善,不诚其身矣。是故诚者,天之道也;思诚者,人之道也。至诚而不动者,未之有也;不诚,未有能动者也。"①孟子说:职位低下而得不到上司的信任,是不能治理好百姓的。要获得上司的信任也有一定的方法,如果不能得到朋友的信任,也就不能获得上司的信任。取信于朋友也有一定的方法,如果侍奉父母而不能博取父母的欢心,也就不能得到朋友的信任。博取父母的欢心也有一定的方法,如果反躬自问而不诚心诚意,也就不能博取父母的欢心。要想诚心诚意也有一定的方法,如果不明白什么是善,也就不能做到真心诚意。所以,诚是天道;追求诚是人道。有了至诚的心意而没有感动别人,是没有的。不真心诚意,要想感动别人

---

① 《孟子·离娄章句上》。

也是不可能的。孟子认为"有信"要点有二：一是善,二是诚,有此二者可友天下善士。那么如何"友信"呢? 孟子曾对齐宣王曰:"王之臣有托其妻子于其友而之楚游者,比其反也,则冻馁其妻子,则如之何?"王曰:"弃之。"①孟子对齐宣王说：如果大王您有一个臣子把妻子儿女托付给他的朋友照顾,自己到楚国办差去了。等他回来的时候,他的妻子儿女却在挨饿受冻。对待这样的朋友,应该怎么办呢? 齐宣王说：和他绝交! 也就是说,不讲信用的人是不能与之为友的,"友信"是孟子所坚持的。应与什么样的人交友呢? 孟子曰:"一乡之善士斯友一乡之善士,一国之善士斯友一国之善士,天下之善士斯友天下之善士。以友天下之善士为未足,又尚论古之人。"②孟子说：一个乡的贤达之士,自然想与整个乡的贤达之士交朋友；一个国家的贤达之士,自然想与整个国家的贤达之士交朋友；影响天下的贤达之士,自然想与整个天下的贤达之士交朋友。如果认为与全天下的贤达之士交朋友还不够,又可追论古代贤达之士。孟子认为交友必交"贤达",交今之"贤达"还不满足,那就再交古之"贤达"。也就是说交友要交贤明通达之士,不交愚蠢昏庸之辈。孟子还强调"取友必端矣"③,必须选择正直的人交朋友,因为他们讲"信"；千万不能与奸诈邪恶之徒为友,因为他们不守"信"。

第二节 以义待利

义、利关系,是一种特殊的伦理规范,先义后利,或以义取利,是千百年来中华民族至高无上的道德准则。孔子曾说"君子喻于义,小人喻于利"④,认为君子明白大义,小人只知道小利。孔子没有辨别义利之间的辩证关系,也没有论述如何对待"利"。孟子在

---

① 《孟子·梁惠王章句下》。
② 《孟子·万章章句下》。
③ 《孟子·离娄章句下》。
④ 《论语·里仁》。

义利关系问题上,继承发展了孔子义利关系学说,并形成极具个性的义利观。

孟子曰:"鱼,我所欲也,熊掌亦我所欲也;二者不可得兼,舍鱼而取熊掌者也。生亦我所欲也,义亦我所欲也,二者不可得兼,舍生而取义者也。"[①]孟子意思是说:如果鱼和熊掌都是自己想要的,但这两样东西如果不可能同时得到,那么就只能舍弃鱼而取熊掌。生和义都是自己想要的,但这两样东西如果不可能同时得到,那就舍弃生而取义。孟子崇尚"义",提出舍生取义的取舍之道,告诉人们在"生"与"义"的抉择中,应毫不犹豫地舍"生"而取"义"。孟子谈问题时除了言明应该如何抉择,还阐述选择的理由。那么为什么会有"舍生取义"之善举呢?孟子曰:"生亦我所欲,所欲有甚于生者,故不为苟得也;死亦我所恶,所恶有甚于死者,故患有所不辟也。如使人之所欲莫甚于生,则凡可以得生者,

---

① 《孟子·告子章句上》。

何不用也？使人之所恶莫甚于死者，则凡可以辟患者，何不为也？由是则生而有不用也，由是则可以辟患而有不为也，是故所欲有甚于生者，所恶有甚于死者，非独贤者有是心也，人皆有之，贤者能勿丧耳。"①孟子认为：生是我想要的，但我想要的还有比生更重要的东西，所以我不做苟且活着的事。死亡是我所厌恶的，但还有比死亡更令人厌恶的东西，所以有的祸害是躲避不了的。如果人们想要的没有超过生命的，那么所有求生的手段哪一个不可用呢？如果人们厌恶的没有超过死亡的，那么凡是可以躲避灾害的手段哪一个不可以用呢？有能生存的手段不去用，有能躲避灾害的手段不使用，是因为所想要的超过了生命，所厌恶的超过了死亡。不仅贤明的人有这样的心思，人人都有，只不过贤明的人没有丧失本性。孟子认为"舍生取义"之念是人心所固有，平时不显现，一旦当所想要的超过了生命，所厌恶的超过了死亡的时候，就会显现出来。虽然人人都有其心，只有在不失本性的贤明人身上才会显现罢了。人是否可以言利？在义、利发生矛盾时如何恰当处理呢？孟子充分肯定人需求的必然性、合理性，但是孟子认为人求利逐利必须有一定的限制和规范，提倡以义待利，推义获利。孟子曰："为人臣者怀利以事其君，为人子者怀利以事其父，为人弟者怀利以事其兄。是君臣、父子、兄弟终去仁义，怀利以相接，然而不亡者，未之有也。"②孟子说：当臣子为追逐利而侍奉国君，作为儿女为追逐利而侍奉父母，作为弟弟为追逐利而侍奉兄长，如此会使君臣、父子、兄弟之间最终丢掉仁义，相互怀利以待，如此而国家不灭亡是没有的事。所以孟子强调人不能背义取利，不能以利害义，对待利要以义取之，以义与（予）之。故孟子又曰："非其义也，非其道也，禄之以天下，弗顾也；系马千驷，弗视也。非其义也，非其道也，一介不以与人，一介不以取诸人。"③意思是：如果不合乎尧、舜之道义，即使把天下的财富都作为俸禄给他，他

---

① 《孟子·告子章句上》。
② 《孟子·告子章句下》。
③ 《孟子·万章章句上》。

也不屑一顾。即使给他千辆马车,他也不看一眼。如果不合乎尧、舜之道义,他不会给别人一点东西,也不会向别人要一点东西。孟子就是希望君子爱利,取之有道,获之有道,与之遵道,对有悖道义"求富贵利达"的人应以之为耻。"非其有而取之非义也"①,不是自己应有的而获取,那就是不义。"其交也以道,其接也以礼,斯孔子受之矣"②,人家与你交往合乎道,与你接触合乎礼,这样孔子也会接受礼物的。也就是说合礼则受,合道可取可与。"非其道,则一箪食不可受于人;如其道,则舜受尧之天下,不以为泰"③,如果不合道义,即使一碗饭也不能接受;如果合乎道义,那舜接受尧的天下,也不过分。人与人之间的授受、给予、获取皆需合乎道义。"不义之禄而不食……不义之室而不居"④如果哥哥的俸禄是不义之禄,那么其购买的食物也不食用,其拥有的房产也不居住。总之,在义利面前,首先是舍生取义,其次是先义后利,再次是以义待利。《大学》云:"国不以利为利,以义为利也。"⑤一个国家不应该以财货为利益,而应该以仁义为利益。强调一国之君应使国人以义为先、见利思义。也就是孟子所说的"王何必曰利,亦有仁义而已矣",无义不取,无义不与,惟义是举,这就是孟子的义利观。

　　孟子虽言"王何必曰利,亦有仁义而已矣",但孟子只是"轻利",并不是杜绝求利的欲望而单纯地追求义。孟子重义轻利,是不言私利,反对见利忘义,更反对因利而害义。孔子言"富与贵,是人之所欲也","贫与贱,是人之所恶也"⑥,说明孔子也不反对"求富"、"恶贫"。孟子重"义"轻"利",提倡"以义为先,不必曰利"的观点,言明人们在待人接物中,只有先讲求"义",才可追求对社会和他人没有伤害的大利。后来董仲舒讲"仁人者,正其道不谋

---

① 《孟子·尽心章句上》。
② 《孟子·万章章句下》。
③ 《孟子·滕文公章句下》。
④ 《孟子·滕文公章句下》。
⑤ 李学勤主编:《礼记正义》,北京大学出版社,1999年,第1603页。
⑥ 《论语·里仁》。

第四章 孟子伦理智慧

其利",朱熹讲"必以仁义为先",都是申发孟子义利观。因此,关于义利问题,孟子主张重义轻利、以义为先,就是希望人们在合乎"义"的前提下,去获取正当的、更长远、更大的"利",从而在这个支点上平衡社会的利益关系。

孔子"君子喻于义,小人喻于利",虽然没有辨别义利之间的辩证关系,也没有论述如何对待"利",却明确了"义利"的社会属性,为儒家的义利观打下了深厚的基础,并被孟子发扬光大。孟子崇尚的"义",提出舍生取义的取舍之道,强调"义"是人应追求的一种目标。孟子要求人们在"生"与"义"、"利"与"义"的抉择中,应该舍"生"取"义"。孟子"仁义"思想中,"仁"虽承接孔子,"义"却具有思想延展性和独特性。孟子人性论中提到的"羞恶之心,义之端也",说明"羞恶之心"是"义"的萌芽。此外,孟子将"仁"和"义"联系起来,说:"仁,人心也;义,人路也。"①也就是讲

---

① 《孟子·告子章句上》。

"仁"是人的心,"义"是人的路,"仁"体现在人之心,即人先天的资质上;而"义"体现在人之为,即人后天的行动上。因此他主张"居仁由义",认为只有后天讲究义的人,才可以在先天的基础上真正成为一个"仁"人。孟子把"义"比喻为"人路",将此视为一个人的人生之路中的阳光大道。

第三节 "大丈夫"人格气节

孟子倡导独立人格精神,希望圣贤要有藐视权贵、意气风发的人格风范;具有持志、尚志的人格品质和实现独立人格的意志;追求穷则独善其身、达则兼善天下的入世、豁达、进取的精神境界;保持富贵不淫、贫贱不移、威武不屈的大丈夫气节。

一、以道事君

孔子曰:"所谓大臣者,以道事君。"[①]认为君臣是对等、相互独立关系。故"君使臣以礼,臣事君以忠"[②],只有君主按照礼的要求去差遣臣子,臣子才会以忠来事奉君主。那么"以道事君,不可则止"[③],大臣用忠君之道的要求来侍奉君主,如果这样还不行,宁肯辞职不干。说的是君臣关系主要是臣对君的关系,具有选择性,宣扬的是一种"独立"精神。孟子在"民为贵,社稷次之,君为轻"[④]的理论基础上,将责任推向君主,曰:"君仁,莫不仁;君义,莫不义。"[⑤]意思是说:臣下之不仁、不义,主要源于君主之不仁、不义;若要臣下仁义,君主必先实行之。《荀子》云"从道不从君"[⑥],要求贤臣依从正确的原则而不依从国君。《荀子》又云:"夺,然后义;杀,然后仁;上下易位,然后贞;功参天地,泽被生民;夫是之谓权

---

① 《论语·先进》。
② 《论语·八佾》。
③ 《论语·先进》。
④ 《孟子·尽心章句下》。
⑤ 《孟子·离娄章句下》。
⑥ 张觉:《荀子译注》,上海古籍出版社,1995年,第285页。

第四章 孟子伦理智慧

险之平,汤、武是也。"①意思是:夺取君权,然后才能实行道义;杀掉君主,然后才能实现仁德;君臣交换位子,然后才能做到有操守;功业与天地并列,恩泽施加到广大民众:这叫做改变危险的局面而达到安定,商汤、周武王就是这样的人。荀子认为:臣对于君王的忠诚,不是盲目愚忠,而是以"道"为取舍的标准。东汉荀悦《申鉴·杂言》云:"违上顺道,谓之忠臣;违道顺上,谓之谀臣。忠所以为上也,谀所以自为也。忠臣安于心,谀臣安于身。故在上者,必察夫违顺,审乎所为,慎乎所安。……或问人君人臣之戒,曰:莫匪戒也。请问其要,曰:君戒专欲,臣戒专利。"②都是强调"以道侍君"。

在对待君王的态度上,孟子显示出磊落恢弘、刚直不阿的人格风范和精神气度,坚持以道事君。孟子认为:君臣关系虽有上下级关系,或曰主辅关系,但不是主仆的无条件的人身依附关系。君臣是一种特殊的相互依存的合作关系。孟子主张君臣需以诚相待、以礼相待,保持人格平等。故曰:"君之视臣如手足,则臣视君如腹心;君之视臣如犬马,则臣视君如国人;君之视臣如土芥,则臣视君如寇仇。"③孟子特别强调君对臣的尊重。孟子曰:"将大有为之君,必有所不召之臣。欲有谋焉,则就之。其尊德乐道,不如是,不足与有为也。"④意指:大有作为的君主不会随便呼唤大臣,如果他有事需要出谋划策,就应亲自登门拜访。君主不如此尊重德行、喜爱仁道,就不值得为他出谋划策,他也不可能有大作为。如果君主没有虚心受教心态,就得不到贤臣辅佐;而有为之君主,必先以礼尊臣。"汤之于伊尹,学焉而后臣之,故不劳而王;桓公之于管仲,学焉而后臣之,故不劳而霸。"⑤孟子认为:商汤对待伊尹,先向伊尹学习,然后请他为臣,于是不费大力气就统一了

---

① 张觉:《荀子译注》,上海古籍出版社,1995 年,第 285 页。
② 〔汉〕荀悦撰,〔明〕黄省曾注,孙启治校补:《申鉴》,中华书局,2012 年,第 171—173 页。
③ 《孟子·离娄章句下》。
④ 《孟子·公孙丑章句下》。
⑤ 《孟子·公孙丑章句下》。

天下;桓公对待管仲,也是先向他学习,然后请他为臣,所以不费大力气就称霸天下。君主尊重贤臣,虚心请教,尊重其人格,就能得到他们的全力辅佐,并可平治天下。孟子同时强调臣要自尊自重,以道事君。孟子曰:"天下有道,以道殉身;天下无道,以身殉道;未闻以道殉乎人者也。"① 孟子说:天下清明,道随身显;天下昏暗,身随道微。没听说过怀道之士屈道而从人的。所谓"以道殉人",即用牺牲"道"来逢迎统治者,此乃"妾妇之道",孟子不齿也。孟子关心的是言行是否遵"道",或曰在行政过程中"道"是否得到贯彻执行,不能违"道"而博取君主欢心。孟子曰:"有事君人者,事是君则为容悦者也;有安社稷臣者,以安社稷为悦者也;有天民者,达可行于天下而后行之者也;有大人者,正己而物正者也。"② 意思是说:有侍奉君主之人,他们以取悦君主为己任;有安邦定国之人,他们以安定国家为己任;有明道之人,他们以道行天

---

① 《孟子·尽心章句上》。
② 《孟子·尽心章句上》。

下为己任；有圣贤，是万民楷模，他们不仅能端正自己，还能端正万物。对于"为容悦者"，孟子耻之。孟子强调臣的人格独立，孟子曰："古之贤王好善而忘势；古之贤士何独不然？乐其道而忘人之势，故王公不致敬尽礼，则不得亟见之。见且由不得亟，而况得而臣之乎？"①孟子说：古代贤君喜好善言善行而忘掉自己的富贵权势，古代贤士又何尝不是这样呢？乐于其道而忘了别人的富贵权势，所以王侯将相不对他们恭敬尽礼，就不能够多次见到他们。见面尚且不能多得，何况是要使他为臣呢？在孟子看来，富贵权势并没有什么神圣之处，"晋楚之富，不可及也；彼以其富，我以吾仁；彼以其爵，我以吾义，吾何慊乎哉？"②意思是：晋国和楚国的富有，没有人赶得上。不过，他凭借他的富有，我凭借我的仁德；他凭借他的地位权势，我凭借我的道义。我有什么卑微的呢？君主有的是财富官爵，贤臣有的是道义学问，两者相较，贤臣啥也不缺。一个人只要真正重道义而轻名利，就能在权势面前挺直腰身，就是所谓无欲则刚。所以孟子说："说大人，则藐之，勿视其巍巍然。堂高数仞，榱（cuī，椽子）题数尺，我得志，弗为也。食前方丈，侍妾数百人，我得志，弗为也。般乐饮酒，驱骋田猎，后车千乘，我得志，弗为也。在彼者，皆我所不为也；在我者，皆古之制也，吾何畏彼哉？"③孟子明确指出：向诸侯进言，就得藐视他，不把他高高在上的地位放在眼里。堂高几丈，檐宽几尺，我如果得到地位，绝不住这么奢华的堂屋。每餐食物广列，侍女众多，我如果得到地位，绝不如此奢华进餐。乐队为饮酒助兴，驰骋打猎，跟随的车子上千辆，我如果得到地位，绝不如此肆无忌惮。他们喜欢做的，都是我不愿意做的；我所做的，都符合古代礼制，那我为什么怕他们呢？如此豁达且独立的人格精神，古今敬仰。

---

① 《孟子·尽心章句上》。
② 《孟子·公孙丑章句下》。
③ 《孟子·尽心章句下》。

二、"大丈夫"气节

在现实中,人们在金钱与权势面前,往往失去尊严与气节,不能坚持正义,屈服于权势。孟子的弟子景春认为公孙衍和张仪"一怒而诸侯惧,安居而天下熄"①,应该算是真正的大丈夫。孟子却不以为然,并问:"是焉得为大丈夫乎?"②孟子问这也能算大丈夫吗?意思是说这样的人不能称为"大丈夫"。那么何为大丈夫呢?孟子曰:"居天下之广居,立天下之正位,行天下之大道;得志,与民由之;不得志,独行其道。富贵不能淫,贫贱不能移,威武不能屈。此之谓大丈夫。"③孟子说:站在天下仁德的正位,走天下正义的大道。得志时,带领大家一同施仁行义;不得志时,自己走正义的大道。富贵时不会放肆无度,贫贱时不会失守节操,面对权势、武力不屈服,这才叫大丈夫!孟子认为:公孙衍、张仪为了迎合诸侯而失去做人的原则,且不行仁不遵道,即使富贵也只是"妾妇之道",没有独立人格,没有高尚气节,远不及普通百姓,更称不上"大丈夫"。真正的大丈夫首先应是"居天下之广居,立天下之正位,行天下之大道"④,大丈夫不仅自己行仁遵道,还应该让天下人安住仁宅,立于仁,合于道,止于礼。而不能因为一己私利,顺应霸君,失道害民。其次,大丈夫应该乐道而忘势。孟子曰:"古之贤王好善而忘势;古之贤士何独不然?乐其道而忘人之势。故王公不致敬尽礼,则不得亟见之。见且由不得亟;而况得而臣之乎?"⑤孟子说:古代的贤明君王喜欢听取善言,不把自己的权势放在心上。古代的贤能之士又何尝不是这样呢?乐于自己的学说,不把他人的权势放在心上。所以,即使是王公贵族,如果不对他恭敬地尽到礼数,也不能够多次和他相见。相见的次数

---

① 《孟子·滕文公章句下》。
② 《孟子·滕文公章句下》。
③ 《孟子·滕文公章句下》。
④ 《孟子·滕文公章句下》。
⑤ 《孟子·尽心章句上》。

尚且不能够多,何况要他做臣下呢? 乐道忘势,是弘扬读书人的气节和骨气。还是曾子所说的那个道理:"彼以其富,我以吾仁;彼以其爵,我以吾义,吾何慊乎哉?"①他有他的富,我有我的仁;他有他的官位,我有我的正义。我与他相比缺少什么呢? 这样一想,也就不把权势放在心上了。所以,真正大丈夫能够笑傲王侯,我行我素。再次是"得志,与民由之;不得志,独行其道"②,有作为时带领大家一起行仁义,不得志时自己坚持走正义的大道,不能苟且,更不能同流合污有损圣道。同时还要"富贵不能淫,贫贱不能移,威武不能屈"③,也就是说富贵不能使之骄狂,贫贱也不能改变其志向,威武不能使之屈服,这才能称得上"大丈夫"。孟子认为:"大丈夫"不仅能抵御各种诱惑,在任何情况下不低头不屈服,不改变自己的志向和节操。"大丈夫"形象显示了一种伟岸的人格力量和生命气节,是高扬孔子"匹夫不可夺其志"的独立人格精神。孟子以道事君,穷则独善其身、达则兼善天下,富贵不能淫、贫贱不能移、威武不能屈的独立人格和高尚气节,赢得了古今仁人志士的敬仰。孟子"大丈夫"人格气节,启迪人生,必须弘扬。

孟子明鉴人伦,倡导父子有亲、君臣有义、朋友有信,皆以仁善为依据。孟子舍生取义、先义后利、以义待利,坚持的是惟义是举。孟子要求贤达应具有以道事君的独立人格和穷则独善、达则兼善、富贵不淫、贫贱不移、威武不屈的高尚气节,皆"大丈夫"必备。孟子伦理智慧,影响古今无数仁人志士,是中华民族精神的重要组成部分。

---

① 《孟子·公孙丑章句下》。
② 《孟子·滕文公章句下》。
③ 《孟子·滕文公章句下》。

第五章　孟子文学智慧

　　《孟子》是先秦杰出散文,具有很高的思想性和艺术性。文辞丰富,说理畅达,语言犀利,气势磅礴,感情奔放,明快畅达,富有雄辩性和说服力。《孟子》表现手法多样,常能出奇制胜,令人赞叹。《孟子》文学思想丰富,对后世文学理论发展影响深远。

第一节　文学思想

　　孟子的文学思想关注面比较宽,"知人论世"、"以意逆志"、"知言养气"、"同美同乐"思想精深独到,闪烁古今,在孟学史和文学史上影响深远。

一、知人论世

　　孟子曾对万章说:"一乡之善士斯友一乡之善士,一国之善士斯友一国之善士,天下之善士斯友天下之善士。以友天下之善士为未足,又尚论古之人。颂其诗,读其书,不知其人,可乎?是以论其世也。是尚友也。"①孟子说:闻名乡里的贤达之士,自然想与整个乡的贤达之士交朋友;闻名全国的贤达之士,自然想与整个国家的贤达之士交朋友;闻名天下的贤达之士,自然想与整个天下的贤达之士交朋友。如果认为与全天下的贤达之士交朋友还不够,又可追论古代贤达之士。如果吟诵他们的诗,研读他们的书,而不了解他们的为人,可以吗?所以要了解他们所处的时代背景。这就是注重与古人交朋友。孟子所谓尚友古人,即通过

---

①　《孟子·万章章句下》。

第五章　孟子文学智慧

诵读古人的作品以获得教益;而要正确领会作品的精神实质,单从作品本身分析是不够的,还需要联系作者的生平思想及其所处的环境和时代背景加以考察,全面把握。当然,这并不是脱离作品本身。"知人论世"与"以意逆意"两种方法是相辅相成的,联系作者生平与其时代,可以更好地认识作品。王国维《玉溪生诗年谱会笺序》所说:"是故由其世以知其人,由其人以逆其志,则古诗虽有不能解者寡矣。"①王国维将"知人论世"作为理解古人作品的金钥匙。而反过来通过理解作品,也可窥测作者的思想与其社会环境。孟子就"尚友"问题提出"知人论世"的思想。"尚友",即注重人际交往,与人为友,与人为善,不仅要广交今世之朋友,还要与古人为友。与古人为友,既要"颂其诗,读其书",又要"知其人"、"论其世",因为"颂其诗,读其书"是知其所言,而"知其人"、"论其世"则是知其所处所为,这样才能真正了解一个人。朱自清

---

① 王国维:《王国维文集》,线装书局,2009年,第161页。

在《诗言志辨》中说:"至于'知人论世',并不是说诗的方法,而是修身的方法。'颂诗'、'读书'与'知人论世'原来三件事并列,都是成人的道理,也就是'尚友'的道理。"①实际上孟子将"知人论世"既视为一种"修身方法",又视为一种"说诗方法",朱自清是真正读懂了《孟子》。尚友古人,即通过诵读古人的作品以获得帮助,吸取教益;而要从古人作品中获得教益以提高自己的思想修养,首先必须正确理解诗歌作品的真情实意。若就诗论诗,仅从作品本身来分析显然是不够的,还必须联系作者的生平事迹、情感生活,及其所处的具体环境等加以考察。然而,尽管孟子的"知人论世"学说是针对"尚友"问题提出来的,但此处的"尚友"关键在于"尚论古之人","古之人"已不复存在,要了解"古之人",首先要读其留下的作品,就是"颂其诗,读其书";若要真正理解古人之诗、书,还要"知其人"、"论其世",就是要了解作者思想品格、道德修养、艺术才能和风格,以及其所处时代和当时的心境,方能深入地"论古之人"。孟子在此实际上提出了文学鉴赏、批评的理路与方法,"颂诗"、"读书"是第一层次,还处在鉴赏层面;"知人论世"是在鉴赏基础上的批评,属第二层次;只有进入到第二层次才能真正把握古人文章的意蕴与境界。"以意逆志"和"知人论世"是紧密相关的,"意"和"志"都具体附着于"人"和"世",有其独特的具体内容和表现形式;如果将两者割裂开来,便将陷于主观片面,而不能正确地评诗论文。

二、以意逆志

《孟子》中有孟子和咸丘蒙的对话。咸丘蒙问:"舜之不臣尧,则吾既得闻命矣。《诗》云:'普天之下,莫非王土;率土之滨,莫非王臣。'而舜既为天子矣,敢问瞽瞍之非臣,如何?"孟子曰:"是诗也,非是之谓也;劳于王事而不得养父母也。曰:'此莫非王事,我独贤劳也。'故说诗者,不以文害辞,不以辞害志。以意逆志,是为

---

① 朱自清:《诗言志辨》,开明书店,1947年,第24页。

第五章 孟子文学智慧

得之。如以辞而已矣,《云汉》之诗曰:'周余黎民,靡有孑遗。'信斯言也,是周无遗民也。"① 咸丘蒙问孟子:舜没有以尧为臣,这个我已经懂得了。《诗经》上说:"天下所有的土地,没有一处不归君王;全部土地之上,没有一个不是君王的臣民。"而舜既然做了天子,请问瞽瞍却不称臣,这是为什么?孟子答道:这首诗,不是你所理解的那样;而是说为王事勤劳不能奉养父母。诗中的意思是说:"这些都是大王的事务,只有我才更辛劳。"所以解说《诗经》的人,不能因为文字损害语句,不能以语句损害原作主旨。要用自己的思考去领会诗意,才能探明诗的真谛。如果只看词句,就如《诗经·大雅·云汉》说:"周朝剩余的平民,没有一个生存。"你若相信这句话,就等于说周朝没有后代了。"以意逆志"是孟子提出的重要的文学思想。孟子针对咸丘蒙对《诗·小雅·北山》理解上的偏差,提出了"以意逆志"的文学解读方法。孟子指出咸丘蒙对诗的理解是不正确的,因为他没有抓住诗人之志,而是断章取义地理解诗句,自然会出现理解上的偏差。"文"是文采,"辞"是言辞,"意"指作品之意旨,"志"指作者的思想。孟子的意思是说,解读诗歌,不要捕捉文中片言只语而望文生义,主观臆断;也不能对某些艺术性夸张修辞作生硬理解,必须联系诗歌产生的时代与作者生平去探索作品的本旨和思想内涵,在领会全篇的精神实质的基础上,探寻作者的志趣和思想倾向。孟子认为此诗的关键之处是"此莫非王事,我独贤劳也",因为此诗是讽刺国王任用大夫劳逸不均,善恶无别,所以诗中的"普天之下,莫非王土;率土之滨,莫非王臣"绝对不是以实言之,而是一种夸张的手法,就如同《诗·大雅·云汉》中所说的"周余黎民,靡有孑遗"一样,并不是实指周朝没有一个平民生存,而是一种虚夸。孟子"以意逆志"思想虽然是就正确理解《诗经》而提出的,但它具有普遍意义。故孟子又云:"尽信《书》,则不如无《书》。吾于《武成》,取二三策而已

---

① 《孟子·万章章句上》。

矣。仁人无敌于天下,以至仁伐至不仁,而何其血之流杵也?"①《尚书·武成》记述的是武王伐殷之事,事后武王具体描述了牧野之战当时的情景:"甲子昧爽,受率其旅若林,会于牧野。罔有敌于我师,前途倒戈,攻于后以北,血流漂杵。"说的是甲子日清晨,商纣王率领他如林的军队,来到牧野会战。敌方的军队对我军没有抵抗,前面的士卒反戈向后面攻击,因而大败,血流之多简直可以漂起舂米的木棒。孟子对这样不符事实的描写,很不满意,认为此乃"以辞害义",所以他提出"尽信《书》,则不如无《书》"的主张,这里并不是不要《书》,而是要对《书》中所描述进行具体分析,正确理解,不可盲目相信《书》中所写的一切。所以说"吾于《武成》,取其二三册而已矣",不可信者则不取。关于"以意逆志",宋理学家朱熹云:"当以己意迎取作者之志,乃可得之。"②朱熹强调读诗人必须全面地领会诗篇之含义,有了正确的认识方可得作者

---

① 《孟子·尽心章句下》。
② 〔宋〕朱熹:《四书章句集注》,齐鲁书社,1992年,第133页。

之志。这里的"意",首先应该属于读者阅读作品时所产生之意。读者在阅读作品时,必然有自己对作品的理解,以己之理解去探寻作者之本意,即如汉赵岐所说的"以己之意逆诗人之志"①。其次是作者作品之意。苏轼曾说:"夫诗者,不可以言语求而得,必将深观其意焉。"②认为读诗者在品评鉴赏诗歌的时候,不应该简单地局限于文学文本语言层的感受来探寻诗的本意,而要超越文字的表层意义去进一步把握作品的内在蕴涵,唯有如此才能真正探究诗歌意旨。苏轼主张要"深观其意焉",而不是只了解诗的字面意义,"深观其意"的"意"即是考察作者、作品之意。也就是说诗有内有外,显于外者,曰文曰辞;蕴于内者,曰志曰意。汉、宋学者认为"志"属作者,而"意"为读者。换言之,"意"与"志"具有同一性,"意"是"志"之载体,"意"用来载"志",因此,"意之所到,即志之所在"。说通俗一点,孟子的"以意逆志"是要求阅读评析文学作品的人,要把握作品的全部内涵,而不是断章取义,在此基础上去探寻作者之"志"。这里的"意"和"志"虽有联系,但却是不同的。"志"可以看作诗的主题,"意"是文章的基本内涵,要对文章进行全面把握和理解。若只见得一字或一段就轻下结论,往往会断章取义式的理解,实是歪曲和误解。

三、知言养气

关于"知言养气",孟子与公孙丑的一段对话约略可知:公孙丑问:"敢问夫子之不动心,与告子之不动心,可得闻与?""告子曰:'不得于言,勿求于心;不得于心,勿求于气。'不得于心,勿求于气,可;不得于言,勿求于心,不可。"……"敢问夫子恶乎长?"曰:"我知言,我善养吾浩然之气。""敢问何谓浩然之气?"曰:"难言也。其为气也,至大至刚,以直养而无害,则塞于天地之间。其为气也,配义与道;无是,馁也。是集义所生者,非义袭而取之也。行

---

① 〔清〕焦循:《孟子正义》,中华书局,1987年,第638页。
② 苏轼:《苏诗文集》卷二,中华书局,1986年,第51页。

有不慊于心,则馁矣。"……"何谓知言?"曰:"诐(bì,偏颇,邪僻)辞知其所蔽,淫辞知其所陷,邪辞知其所离,遁辞知其所穷。——生于其心,害于其政;发于其政,害于其事。圣人复起,必从吾言矣。"①公孙丑问孟子:请问先生的不动心与告子的不动心,可以说给我听一听吗?孟子答道:告子说"不懂得对方的言论,就无法理解对方的心思;不理解对方的心思,就无法理解对方的意气"。不理解对方的心思,就无法理解对方的意气,是可以的;不懂得对方的言论,就无法理解对方的心思,就不可以了。公孙丑又问:请问先生擅长于什么呢?孟子说:我能辨明别人的言论,我善于修养我的浩大广博之气。公孙丑说:请问什么叫做浩大广博之气?孟子说:这很难说透,这种气,最广大、最刚强,用正直去培养它而不损害它,那就会充满于天地之间。这种气必须与正直、正义紧紧地结合在一起,否则就会泄气。它是不断积聚正义而产生的,不是一朝一夕忽然获得的。行动有愧于心,就会泄气。公孙丑又问:什么叫能辨明别人的言论呢?孟子说:听了偏颇不正的言辞就知道其有所隐蔽,听了放荡的言辞就知道其有所沉溺,听了邪恶的言辞就知道其有所偏离,听了搪塞的言辞就知道其理屈词穷。这四种言辞,从思想中产生出来,必然会危害政务;如果施行于政务,就会妨害国家事务。如果再有圣人出现,也一定会赞同我的见解的。孟子在此提出了影响深远的"知言养气"学说。

  孟子"知言养气"说,是重要的文学鉴赏、文学批评主张。"知言"是"尽心知性"的方法和手段,通过分析研究"言辞"来理解作品意义,探究作者情性,就是孟子所说的"诐辞知其所蔽,淫辞知其所陷,邪辞知其所离,遁辞知其所穷",言辞不同,其内心所想,其性情所钟是不同的,而且亦会带来不同的后果,"生于其心,害于其政;发于其政,害于其事"。"养气"则是指欣赏者和批评家的思想修养,即通过"养气"而形成自己的"浩然之气"。所谓"浩然之气",孟子说:"其为气也,至大至刚,以直养而无害,则塞于天地

---

① 《孟子·公孙丑章句上》。

第五章　孟子文学智慧

之间。其为气也，配义与道，无是，馁也。是集义之所生者，非义袭而取之也。"①在中国古代哲学中，"气"是一个十分复杂的概念，大致可以划分为物质之气和精神之气两个方面。孟子此处所言之"气"具有融合物质之气和精神之气的特点，他将"塞于天地之间"的物质之气"配义与道"，使其成为具有了道德内涵的"浩然之气"，而将"至大至刚"之气"配义与道"，则体现了孟子"善养浩然之气"的过程与方法，其思想修养，于此可见一斑。从文学批评的角度看，"知言"和"养气"与文学鉴赏有着十分重要的联系。关于"知言"，孟子虽然是针对人性辨别而言，通过言辞考察人的思想性格，但反过来说，人的思想性格也可以通过言辞来表现，言辞对于表现人的思想性格来说是十分重要的。因而，通过分析"辞"不仅可以了解文学的基本内涵，更可以把握作家的思想性格。文学是语言的艺术，语言不仅作为文学的思维工具，更作为文学的载

---

① 《孟子·公孙丑章句上》。

体而存在,文学离开了语言就无法生成和传播,更谈不上鉴赏和批评。语言对于文学,犹如人的形体对于生命一样重要,古今中外文学批评,都十分重视对语言的分析与研究,通过语言分析来探寻文学本质与规律。孟子于两千多年前就认识到语言对于文学的重要意义,提出"知言"的文学批评主张,通过语言分析来把握人的思想性情,具有十分重要的开创意义。"养气"亦如此,孟子主张文学批评家要"善养浩然之气",这种"浩然之气",是"至大至刚"之气,是"配义与道"之气。所谓"至大至刚",是指"气"的无限性、宏观性,可以观照世间所有的人和事,可以宏观把握文学作品的方方面面;所谓"配义与道",是指"气"的思想性、规范性,文学批评要以"义与道"为规范。在孟子看来,批评家拥有了"至大至刚"、"配义与道"的"气",就能准确把握作品的语义内涵,正确评析作品的思想价值与艺术成就。

孟子谈"养气"问题时,主要是针对个体的心性修养和人性辨别而言,所以我们在"孟子人生智慧"中还会论及这一学说。

四、同美同乐

在文学审美方面,孟子提出"同美同乐"思想,这也是文艺美学的重要思想。所谓"同美",就是强调审美通感。孟子曰:"口之于味,有同耆也;易牙先得我口之所耆者也。如使口之于味也,其性与人殊,若犬马之与我不同类也,则天下何耆皆从易牙之于味也?至于味,天下期于易牙,是天下之口相似也。惟耳亦然。至于声,天下期于师旷,是天下之耳相似也。惟目亦然。至于子都,天下莫不知其姣也。不知子都之姣者,无目者也。故曰,口之于味也,有同耆焉;耳之于声也,有同听焉;目之于色也,有同美焉。"[①]孟子说:口的味觉,有相同的嗜好;易牙早就弄清了我们口味的嗜好。假如口的味觉,人与人不同,就像狗、马与我们不同,那么天下人的嗜好为什么还要随从易牙的口味呢?讲到口味,天

---

① 《孟子·告子章句上》。

第五章 孟子文学智慧

下人都期望尝到易牙所烹制的菜,可见天下人的口味都是相同的。耳朵也是如此。讲到声音,天下人都期望听到师旷的演奏,可见天下人的闻听趣味都是相同的。眼睛也是如此。讲到子都,天下人没有不知道他长得美的。不知道子都长得美的人,就是没长眼睛的人。所以说,口对于味,有相同的嗜好;耳朵对于声音,有相同的趣味;眼睛对于颜色,有相同的美感。孟子强调人的审美感知具有普遍、共同、共通特性。在孟子看来,人的审美感知是相通的,易牙能感觉到的美味,大家亦能感觉到;师旷能欣赏的音乐,一般的人亦能欣赏;至于美男子子都,谁见他都会认为他是很美的。孟子从生理和审美的角度分析感知的共通性,所以文学审美具有共通性特征。人们在欣赏文学作品时,都会被其中的人物命运、情节结构所感动,产生精神愉悦。虽然常言"一千个读者,就有一千个哈姆雷特",但凡是读过《哈姆雷特》的人,心灵都会被其强烈的悲剧色彩所冲击。审美的共通性,可以使不同的读者读同一部作品时产生相类似的审美感受。所谓"同乐",孟子主要强

调的是"与民同乐",希望统治者能与老百姓同乐。孟子曰:"乐民之乐者,民亦乐其乐;忧民之忧者,民亦忧其忧。乐以天下,忧以天下,然而不王者,未之有也。"①这是孟子的政治理想。然而,透过孟子"与民同乐"的思想表述,我们也会发现其中包含着国君与百姓具有同样的欣赏"乐"的能力和权利,而统治者的"与民同乐"就是与老百姓共同欣赏"乐",这亦是孟子"乐民之乐者,民亦乐其乐"的思想内涵。关于这一点,孟子还曰:"臣请为王言乐。今王鼓乐于此,百姓闻王钟鼓之声,管籥(yuè,箫)之音,举疾首蹙頞而相告曰:'吾王之好鼓乐,夫何使我至于此极也?父子不相见,兄弟妻子离散。'今王田猎于此,百姓闻王车马之音,见羽旄之美,举疾首蹙頞而相告曰:'吾王之好田猎,夫何使我至于此极也?父子不相见,兄弟妻子离散。'此无他,不与民同乐也。今王鼓乐于此,百姓闻王钟鼓之声,管籥之音,举欣欣然有喜色而相告曰:'吾王庶几无疾病与?何以能鼓乐也?'今王田猎于此,百姓闻王车马之音,见羽旄之美,举欣欣然有喜色而相告曰:'吾王庶几无疾病与?何以能田猎也?'此无他,与民同乐也。今王与百姓同乐,则王矣。"②以普通视角看,这两段文字似乎很难理解,同样是"今王鼓乐于此,百姓闻王钟鼓之声,管籥之音",为什么前一段说老百姓"举疾首蹙頞而相告",后一段则是"举欣欣然有喜色而相告",赵岐在《孟子章句》中云:"百姓欲令王康强而鼓乐也,今无赋敛于民而有惠益,故欣欣然而喜也。"③这其中的关键就是要让百姓能够欣赏、接受国王的鼓乐之好与田猎之美。要做到这一点,统治者必须"乐民之乐",国家治理井井有条,老百姓生活富裕,心情舒畅,自然"民亦乐其乐"。由此可见,"同乐"的审美感知必须以统治者让百姓丰衣足食、心情愉悦为前提,也就是统治者治理好国家为前提。"同美"、"同乐"的审美理念反映了孟子对审美共通性的理解和认知,但"同美"和"同乐"又是有明显不同的特质,"同美"具有

---

① 《孟子·梁惠王章句下》。
② 《孟子·梁惠王章句下》。
③ 〔清〕焦循:《孟子正义》,中华书局,1987年,第105页。

客观性,"同乐"具有明显的主观色彩;"同美"是"同乐"的基础,"同乐"往往是因"美"而生,是一种"美"的享受;但在不同的情境下,同一个"美"的对象,有的人有乐,有的人却乐不起来。所以"同乐"是有条件的,受时间、地点、情景等多种因素制约。

孟子文学思想,无论是"以意逆志"、"知人论世"、"知言养气"、"同美同乐",都要求读者将作品置于客观的条件下,实事求是地进行评价鉴赏与接受,不可主观臆断。同时,孟子也要求读者不要片面地进行文学批评,要全面地分析文学作品,"不以文害辞,不以辞害意",不仅要"颂其诗,读其书",而且还要"知其人"、"论其世",这才能达到文学鉴赏全面性的要求。孟子文学思想的博大精深,对推动我国文学批评的发展具有重要的理论价值。①

第二节 论辩艺术

孟子是战国时期的散文大家,也是著名的雄辩家,其弟子公都子曾问孟子:"外人皆称夫子好辩,敢问何也?"孟子回答:"我岂好辩哉?不得已也!"②孟子真的是"不得已"吗?孟子"不得已"时展示了怎样的雄辩才能?论辩展现出哪些特点呢?

一、循循善诱,引君入瓮

孟子与齐宣王有一对话。孟子问齐宣王:"王尝语庄子以好乐,有诸?"王变乎色,曰:"寡人非能好先王之乐也,直好世俗之乐耳。"曰:"王之好乐甚,则齐其庶几乎!今之乐犹古之乐也。"曰:"可得闻与?"曰:"独乐乐,与人乐乐,孰乐?"曰:"不若与人。"曰:"与少乐乐,与众乐乐,孰乐?"曰:"不若与众。""臣请为王言乐。今王鼓乐于此,百姓闻王钟鼓之声,管籥之音,举疾首蹙頞而相告曰:'吾王之好鼓乐,夫何使我至于此极也?父子不相见,兄弟妻

---

① 孟子文学思想一节,参考了张恩普《孟子文学批评思想探讨》一文(《东北师大学报》哲学社会科学版 2005 年第 5 期)。
② 《孟子·滕文公章句下》。

子离散。'今王田猎于此,百姓闻王车马之音,见羽旄之美,举疾首蹙頞而相告曰:'吾王之好田猎,夫何使我至于此极也?父子不相见,兄弟妻子离散。'此无他,不与民同乐也。今王鼓乐于此,百姓闻王钟鼓之声,管籥之音,举欣欣然有喜色而相告曰:'吾王庶几无疾病与?何以能鼓乐也?'今王田猎于此,百姓闻王车马之音,见羽旄之美,举欣欣然有喜色而相告曰'吾王庶几无疾病与?何以能田猎也?'此无他,与民同乐也。今王与百姓同乐,则王矣。"①

孟子生活在战国时期,诸侯纷争四起,"争地以战,杀人盈野;争城以战,杀人盈城"②,各诸侯国国君都野心勃勃,追求"莅中国而抚四夷"的霸主地位。他们崇尚的是"霸道",而孟子宣扬的是王道仁政学说。在这种情况下,要对崇尚霸道的齐宣王宣扬王道实在不是一件很容易的事。孟子的高明之处就在于善于察言观色,见机行事,引君入瓮,把握对方的心理,循循善诱,因势利导。孟子

---

① 《孟子·梁惠王章句下》。
② 《孟子·离娄章句上》。

一见到齐王就问:"王尝语庄子以好乐,有诸?"齐王脸色变了,并称自己喜好的不是先王的音乐,而是世俗之乐。可见谈话的开始有些"话不投机"。齐王脸色变了,当然是"惭其好之不正",为自己不喜欢先王之乐而好世俗之乐而羞愧。齐王知道儒家是推崇先王之乐而反对世俗之乐的,齐王的立场似乎与孟子对立起来了。可见说话的气氛很紧张。然而孟子却提出了"王之好乐甚,则齐其庶几乎!今之乐犹古之乐也"的观点。可以说是出其不意,观点新颖。"好乐"与国家的治理紧密相关,"今之乐"等同于"古之乐",这让齐王感到意外并产生了浓厚的兴趣。当然最重要的是孟子迎合了齐王的心理,从而改善了谈话的气氛。所以齐王忍不住问:"可得闻与?"然而孟子接下来并没有谈"今之乐"与"古之乐"的异同在哪里,而是巧妙地转换话题,再以"快乐"诱使齐王的思维进入孟子预设的圈套,从而牢牢地掌控谈话的主动权。既然齐王同意了独乐不若与人同乐,与少数人同乐不若与多数人同乐,自然而然就把齐王引入到自己想谈的领域——仁政。

　　孟子与梁惠王也有一段对话。梁惠王曰:"寡人之于国也,尽心焉耳矣。河内凶,则移其民于河东,移其粟于河内。河东凶亦然。察邻国之政,无如寡人之用心者。邻国之民不加少,寡人之民不加多,何也?"①梁惠王说:"我治理国家,总算尽了心啦。河内遇到饥荒,就把那里的老百姓迁移到河东去,把河东的粮食转移到河内;河东遇到饥荒也是这样做。了解一下邻国的政治,没有像我这样用心的。邻国的百姓不见减少,我的百姓也不见增多,这是为什么呢?"孟子对曰:"王好战,请以战喻。填然鼓之,兵刃既接,弃甲曳兵而走。或百步而后止,或五十步而后止。以五十步笑百步,则何如?"②孟子说:大王喜欢打仗,让我用战争做比喻吧。咚咚地敲响战鼓,两军开始交战,战败的士兵扔掉盔甲拖着武器逃跑。有人逃了一百步然后停下来,有的人逃了五十步然后

---

① 《孟子·梁惠王章句上》。
② 《孟子·梁惠王章句上》。

停下来。因自己只跑了五十步而耻笑别人跑了一百步,那怎么样呢?梁惠王曰:"不可;直不百步耳,是亦走也。"① 梁惠王说:"不行。只不过没有跑上一百步罢了,那也是逃跑啊。"孟子通过设喻,诱使对方在不知不觉中说出:"不可,直不百步耳,是亦走也。"这正好钻进孟子的"圈套",所以孟子说"王如知此,则无望民之多于邻国也"②,回答了"民不加多"的原因。梁惠王认为自己对待百姓的政策比邻国都好,但孟子却指出,魏国的政策虽好一些,但与邻国相比,不过是"五十步笑百步",本质上都是相同的。孟子根据梁惠王好战的特点,采用"五十步笑百步"的常识打比方,让梁惠王陷入自相矛盾之中,既巧妙委婉地批评了梁惠王的急功近利(想雄霸天下),又自然引出自己的王道主张。这个比喻甚是高明,先切中梁惠王好战的要害,再顺势让他进入自己设定的类比推理圈套之中,最后顺理成章得出"则无望民之多于邻国也"的结论。

孟子在论辩过程中,往往是牵引对方,巧妙地转换话题,循循善诱,引君入瓮,因势利导,适时宣扬自己的主张。

二、逻辑严密,环环相扣

孟子为了宣扬"保民而王"主张,与齐宣王有深入交流。齐宣王问曰:"齐桓、晋文之事可得闻乎?"孟子对曰:"仲尼之徒无道桓文之事者,是以后世无传焉,臣未之闻也。无以,则王乎?"曰:"德何如,则可以王矣?"曰:"保民而王,莫之能御也。"……曰:"若寡人者,可以保民乎哉?"……曰:"臣闻之胡龁(hé)曰,王坐于堂上,有牵牛而过堂下者,王见之,曰:'牛何之?'对曰:'将以衅钟。'王曰:'舍之!吾不忍其觳觫(hú sù,因恐惧而发抖),若无罪而就死地。'对曰:'然则废衅钟与?'曰:'何可废也?以羊易之!'不识有诸?"曰:"有之。"曰:"是心足以王矣。百姓皆以王为爱也,臣固知王之不忍也。"……"有复于王者曰:'吾力足以举百钧,而不足以

---

① 《孟子·梁惠王章句上》。
② 《孟子·梁惠王章句上》。

举一羽;明足以察秋毫之末,而不见舆薪',则王许之乎?"曰:"否。""今恩足以及禽兽,而功不至于百姓者,独何与?然则一羽之不举,为不用力焉;舆薪之不见,为不用明焉;百姓之不见保,为不用恩焉。故王之不王,不为也,非不能也。"……"抑王兴甲兵,危士臣,构怨于诸侯,然后快于心与?"……"是故明君制民之产,必使仰足以事父母,俯足以畜妻子,乐岁终身饱,凶年免于死亡;然后驱而之善,故民之从之也轻。今也制民之产,仰不足以事父母,俯不足以畜妻子;乐岁终身苦,凶年不免于死亡。此惟救死而恐不赡,奚暇治礼义哉?王欲行之,则盍反其本矣:五亩之宅,树之以桑,五十者可以衣帛矣。鸡豚狗彘之畜,无失其时,七十者可以食肉矣。百亩之田,勿夺其时,八口之家可以无饥矣。谨庠序之教,申之以孝悌之义,颁白者不负戴于道路矣。老者衣帛食肉,黎民不饥不寒,然而不王者,未之有也。"①孟子围绕"保民而王"这

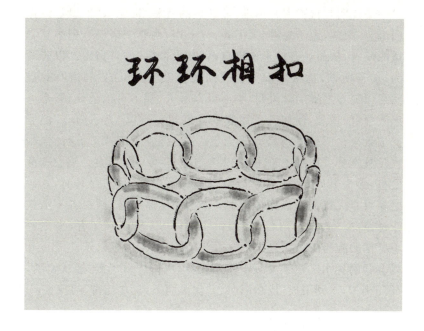

① 《孟子·梁惠王章句上》。

一中心,逻辑严密,层层深入地展开辩论:首先,齐宣王问孟子是否可以讲讲齐桓公、晋文公在春秋时代称霸的事情?孟子巧妙地回答说:孔子的学生没有谈论过齐桓公、晋文公称霸之事,所以没有传到后代来,我也没有听说过。大王如果一定要我说,那我就说说用道德来统一天下的王道吧?齐宣王问:道德怎么样就可以统一天下了呢?孟子说:一切为了让老百姓安居乐业。这样去统一天下,就没有谁能够阻挡了。齐王问霸道之事,孟子引导齐宣王抛开"霸道"而谈"王道"。其次,孟子因齐王"以羊易牛"之事,引导齐宣王认识到自身有"不忍之心",并鼓励齐王,若有这样的仁心就可以统一天下了。孟子巧妙抓住齐宣王"以羊易牛"的事加以发挥,力证齐王已经有了保民的基本条件,具备了实施"王道"的基础。再次,以力可举千斤却言力不足拿起一羽为喻,说明齐王的"仁心"未及于民,未成王道,是"不为也,非不能也"。并且进一步说明实行王道并不难,最基本的就是"推恩","推恩足以保四海"。第四,孟子先以"兴甲兵,危士臣,构怨于诸侯",列举了霸道的危害,从而让齐宣王说出自己的"大欲"。并且指出:"以若所为,求若所欲,犹缘木求鱼也。"彻底打破齐宣王的"霸道"幻想。然后以邹楚之战为喻说明"小不可以敌大,寡不可以敌众,弱不可以敌强"的道理,促使齐王彻底放弃霸道。再以"天下归心"的美好前景来说明行王道必胜于天下。最后,孟子曰:"王欲行之,则盍反其本矣:五亩之宅,树之以桑,五十者可以衣帛矣。鸡豚狗彘之畜,无失其时,七十者可以食肉矣。百亩之田,勿夺其时,八口之家可以无饥矣。谨庠序之教,申之以孝悌之义,颁白者不负戴于道路矣。老者衣帛食肉,黎民不饥不寒,然而不王者,未之有也。"阐明施行王道必须"制民之产"、"谨庠序之教",若此老百姓就会归附犹水之归于大海。以上五步分析,逻辑严密,层次清晰,环环相扣,水到渠成,成功阐明了"保民而王,莫之能御"的观点。

三、取譬设喻,浅显生动

孟子为了加强论辩效果,善于运用比喻。汉赵岐在《孟子题

第五章 孟子文学智慧

辞中》说:"孟子长于比喻,辞不迫切,而意已独至。"①粗略统计,《孟子》全书共 261 章,其中有 93 章用了 160 多个比喻。比如《孟子》"齐桓晋文之事"章用"缘木求鱼"比喻齐宣王以霸道求统一天下的徒劳无功,生动形象,妙趣横生。凡是高妙的游说,论辩者首先要把握对方的心理,化解对方的敌意,求同存异,掌握主动,蓄谋存势,然后再抓住时机,一举攻破对方。接着孟子用"以羊易牛"的小事,发掘对方长处给予对方信心,缩短双方距离的心理战术;要说道理,先举事例,打比方。"引而不发,跃如也",即张满弓,不发箭,寻找最佳"发箭"时机。运用逐层推进的启发方式;明知故问,欲擒故纵,有纵有擒,因势利导,将之引入圈套;齐宣王由高高在上的质询,到自己承认"吾昏",层层设伏,步步为营。短短的篇章,波翻浪卷,风云开合,收放自如。比喻是文学作品中语言修辞的重要表达形式之一,巧妙合理使用,既能使文

---

① 〔清〕焦循:《孟子正义》,中华书局,1987 年,第 18 页。

章具有生动性,又能增强论辩效果。再用"力足以举千钧,而不足以举一羽;明足以察秋毫之末,而不见舆薪"作比来突出宣王的"恩足以及禽兽,而功不至于百姓",同样是己力可做而不做,是"不为也,非不能也"。"挟太山以超北海,"与"为长者折枝"形象性地对比,前者是力不足,而后者是举手之劳,乃不为也。以"天下可运于掌"作比,形象地说明王天下是一件十分容易的事。《孟子》曰:"七八月之间旱,则苗槁矣。天油然作云,沛然下雨,则苗浡然兴之矣。其如是,孰能御之? 今夫天下之人牧,未有不嗜杀人者也。如有不嗜杀人者,则天下之民皆引领而望之矣。诚如是也,民归之,由水之就下,沛然谁能御之?"①在此用比喻来说明不嗜杀人,行仁政所能够产生的理想效果;以禾苗比喻老百姓,以雨露比喻君恩,生动形象地表明君恩对百姓的重要,以及实行仁政的好处。"水之就下"一喻更是表明实行仁政,老百姓就会欣然归附。以比喻说明道理的手法,寓教于生动形象,效果要比铺陈说教好得多。

孟子是战国时期雄辩家,苏洵曾云:"孟子之文,语约而意尽,不为镌刻斩绝之言,而其锋不可犯。"②郭沫若也曾说:"孟文的犀利,庄文的恣肆,荀文的浑厚,韩文的峻峭,单拿文章来讲,实在各有千秋。"③孟子的雄辩才能可见一斑。

孟子的"以意逆志"、"知人论世"、"知言养气"和"同美同乐"文学思想,凸显精深独到的文学智慧,不仅能指导文学鉴赏,还能促进人的道德修养。《孟子》散文的论理风格和高超的艺术技巧,对后世说理文章产生了巨大而深远的影响。唐宋以来,许多古文学家潜移默化地继承和发展了《孟子》散文的艺术传统,韩愈、柳宗元、苏洵、苏轼、王安石等人,在思想、文章方面受到的影响都很明显。刘熙载《艺概》中说:韩文出于《孟子》,"东坡文,亦孟子,亦

---

① 《孟子·梁惠王章句上》。
② 曾枣庄、舒大刚等主编,《二苏全书·苏洵集》(第六册),语文出版社,2001年,第77页。
③ 郭沫若:《十批判书》,群益出版社,1945年,第45页。

第五章 孟子文学智慧

贾长沙","王介甫文取法孟、韩"①。这说明《孟子》散文极大地影响后世文学发展。

第三节 成 语 蕴 涵

"成语"即众人皆说,成之于语,故曰成语。成语是语言中经过长期使用、锤炼而形成的固定短语,它比词的含义更丰富而语法功能又相当于词的语言单位,而且富有深刻的思想内涵,简短精辟易记易用,并常常附带有感情色彩。成语多数为四个字,也有三字和四字以上的成语,有的成语甚至是分成两部分,中间有逗号隔开。成语是中国传统文化的一大特色,有固定的结构形式,表示一定的意义,有明确的内涵指向,在语句中作为一个整体运用。成语有很大一部分是从古代相承沿用下来的,在用词方面往往不同于现代汉语,它代表了一个故事或者典故。成语言简意赅,寓意深远,因其具有广泛的习用性获得了不竭的生命力,是中华文化宝库中一颗璀璨的明珠。

《孟子》文辞丰富,语言犀利,感情奔放,为后世留下了丰富的、流传千古的成语。《孟子》成语,说理畅达,气势磅礴,富有极强的艺术性和感染力。

一、质高量大,气势磅礴

《孟子》成语,一是源自《孟子》,经后人提炼概括形成的成语,二是源自其他典籍,经孟子凝练而成的成语,主体是前者。

源自《孟子》的成语约有240条,有两种情况:一是保留原貌,直接习用;二是经后人提炼加工改造而成。保留原貌,直接习用的如:"不违农时"、"与民同乐"、"浩然之气"、"以力服人"、"平治天下"、"洪水横流"、"通工易事"、"好为人师"、"以意逆志"、"独善其身"、"大而化之"等。经后人凝练加工改造而成的如:"率兽食

---

① 〔清〕刘熙载:《艺概》,上海古籍出版社,1978年,第20—32页。

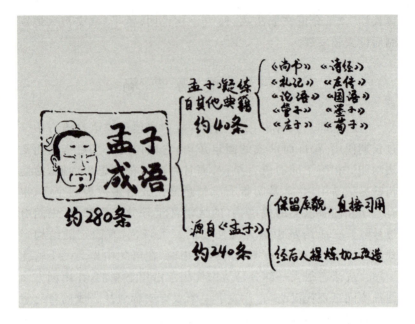

人"、"明察秋毫"、"缘木求鱼"、"得道多助"、"富贵不淫"、"左右逢源"、"舍生取义"、"守身如玉"、"事半功倍"、"自暴自弃"、"良知良能"、"以辞害意"、"拔苗助长"等。

源自其他典籍,经孟子凝练而成的成语约有40条,如"舍己从人"、"绰绰有余"、"天无二日"、"言归于好"、"学而不厌"、"不远千里"、"坚甲利兵"、"天下无敌"、"来者不拒"等。

历史久远的语言不一定能成为成语,一个词能否成为成语,至少要具备以下条件:首先,要为人们所喜闻乐见,并在书面和口头广泛使用;其次,词型要固定,词义要相对稳定;再次,具有深厚的社会基础,内涵丰富,生命力强。《孟子》成语不仅具备了上述特点,而且数量众多,质量很高,极富气势,对丰富汉语词汇和增强汉语表现力起到了积极作用。《孟子》成语,思想性强,艺术性高,在成语海洋中,独树一帜,并随时代的发展,不断焕发出新的生机。

二、通俗易懂,意蕴幽深

成语是在社会演进与语言发展的历程中,广泛地汲取语言的各种积极因素熔炼而成的,它凝练简洁而又寓意深厚,是语言之精华。

1. 反映生活,通俗易懂

《孟子》成语大多取材于现实生活,通俗易懂,如"以羊易牛"、"缘木求鱼"、"鸡鸣而起"、"易如反掌"、"坐于涂炭"、"逾墙钻隙"、"一毛不拔"、"杯水车薪"、"己饥己溺"等,都源于生活,描绘生活情景,形象生动。"五谷丰登"、"旱苗得雨"、"深耕易耨"、"揠苗助长"、"不以规矩不成方圆"等,展示百姓耕种农事景象,揭示生活哲理,富有思想蕴涵。"饱食暖衣"、"自暴自弃"、"好勇斗狠"、"心悦诚服"、"辞富居贫"、"乱臣贼子"、"与民同乐"、"舍生取义"等,语言浅近,从字面就可感知其内涵。"妻离子散"、"流连忘返"、"洪水横流"、"鳏寡孤独"、"饥不择食"、"凶年饥岁"等,描写社会

情景,反映百姓疾苦,通俗易懂,发人深省。"赤子之心"、"专心致志"、"敬老慈幼"、"存心养性"、"俯仰无愧"、"穷不失义"等,一目了然,不用细究便可领会语中涵义。这类成语言简意赅,逸趣横生,灵活使用,能增强文章的气势和表现力。

2. 蕴涵古代文化,打上时代烙印

成语是经历长时间传播、习用和发展才被固化的,形式和内涵或多或少地发生一些变化,但仍明显蕴藏古代文化内核,存有历史的痕迹,不可避免地打上时代的烙印。《孟子》成语既保留了具有时代特征的词汇,也饱含时代文化意蕴。

任何一个民族的语言,始终处于发展变化过程中,会随社会发展而发展,并不失时机地输入新鲜血液,不断展现新的时代风貌。而作为习用性、稳定性极强的成语,古代一些具有鲜明时代特征的语言词汇被大量地保留,也在一定程度上展现了古代汉语风貌。如成语"弃甲曳兵"、"坚甲利兵"、"兵刃相接"中的"甲"、"兵"、"刃"等与战争兵器相关的词语,反映了先秦时期战乱频繁、

社会动荡的格局。成语"始作俑者"出自"始作俑者，其无后乎"，意思是：最初采用土偶木偶陪葬的人，该是会断子绝孙的吧。其中"俑"，指"古代殉葬用的木制或陶制的俑人"。商朝时流行真人殉葬，考古发现很多商代墓葬中都有用真人殉葬的遗迹，周朝予以禁止，转而采用刍灵，即用草人来取代活人殉葬。后来渐行奢华风气，使用更加像人的精致俑人殉葬。一个"俑"字，揭露了古代殉葬制度的残酷和残忍。

　　成语不仅保留了一些古代语言词汇，还存有时代的文化蕴涵。"男耕女织"之说，反映了中国古代农耕文化形成的基础。中国的农耕文化有别于欧洲游牧文化，农业在社会发展过程起着决定性作用。欧洲文明具有掠夺式特征，源于狩猎文化，与源于种植的中国农耕文明存在明显的差别。聚族而居、精耕细作的农业文明孕育了自给自足的生活方式和文化传统，而农耕文明具有明显、醇厚的"乡土"气息，也是中华文化重要的特征之一。中华先民对农耕文化有一种与生俱来的依赖和信仰，在成语中有充分地体现。如"不违农时"、"五谷丰登"、"视如草芥"、"饭糗茹草"、"明察秋毫"、"茅塞顿开"、"箪豆见色"、"揠苗助长"、"旱苗得雨"、"采薪之忧"等，表情达意，总是带有"乡土"味。

　　中华文化的母体和主干是以黄河中下游地区为中心孕育起来的中原文化，也就是说中原地区是中华文明的摇篮，是中华文化的重要源头和主体。中原地区以其特殊的地理环境、历史地位和人文精神，使中原文化在漫长的中华文明发展过程中长期居于正统和主流地位，中原文化一定程度上代表着中国传统文化。所以在中华文明发展过程中，这种优越的中原情节也体现在与周边少数民族的交集中，在成语中也多有体现。如"用夏变夷"、"南蛮鴃舌"、"齐东野语"等，字里行间体现出中原文化的"高傲"，蕴含对中原的推崇，明显表现出对周边地区和少数民族的贬抑。因为古代中原地区被视为天下的中心，所以《孟子》成语中体现中原情结也在情理之中。

3. 彰显孟子政治价值取向

《孟子》有丰富的重民论述，所以《孟子》重民成语也比较多。如"不违农时"、"深耕易耨"、"仰事俯畜"、"畜妻养子"、"妻离子散"、"鳏寡孤独"、"怨女旷夫"、"水深火热"、"饿殍遍野"等。"不违农时"就是希望兵役徭役不妨碍农业生产；"深耕易耨"就是希望让老百姓有足够的时间深耕细做，精心耕种自己的田地；"仰事俯畜"、"畜妻养子"，希望统治者重视民生，让百姓有"恒产"，确保百姓能仰侍父母、俯畜妻儿。否则，老百姓就会生活在"水深火热"之中，所受的灾难，就会像洪水那样越来越深，像烈火那样越来越热，痛苦不堪。就会出现"妻离子散"，家破人亡；不可避免地出现"饿殍遍野"景象；就会有很多大龄男子娶不到妻子，大龄女子找不到婆家，即"怨女旷夫"；同时也会出现大量的"鳏寡孤独"，即没有劳动力而又没有亲属供养，无依无靠，这些人就会无所教、无所养，挨冻受饿，无人关心。这些成语反映孟子深切地同情百姓，关心百姓疾苦，希望统治者能本民爱民，体恤百姓。

孟子一生富有政治理想和抱负,有关理想和抱负的成语在《孟子》中也比较多。如:"舍我其谁"、"辅世长民"、"平治天下"、"与民同乐"、"引领而望"、"箪食壶浆"。"舍我其谁"反映孟子敢于担当,遇到自己该做的事,绝不退让;他希望"辅世长民",就是辅佐当世的国君治理国家,让百姓过上好日子;"平治天下"就是希望君王施行仁政,与百姓休戚与共;"与民同乐",与百姓同享欢乐,共享幸福,实现天下太平,这样的国君,老百姓都会"引领而望",即伸长脖子远远眺望,殷切期盼;如果贤君率领军队到来,就会受到"箪食壶浆"般的欢迎,老百姓就会用箪盛食物,用壶盛酒水来欢迎他们爱戴的军队。

孟子反对战争,认为"春秋无义战",也就是说春秋时代没有正义的战争。认为"争地以战,杀人盈野;争城以战,杀人盈城。此所谓率土地而食人肉,罪不容于死",即为争夺地盘而战,往往杀人遍野;为掠夺城镇而战,往往杀人满城;这就是所谓的"率兽食人",为了土地而吃人肉,这些人死有余辜。"以力服人者,非心服也","以德服人者"才能使人"心悦诚服"。那么"好勇斗狠"就是"以邻为壑",就是"以力服人",那些"嗜杀成性"之徒,都是"为富不仁"之辈,他们"放辟邪侈",让百姓"坐于涂炭",置百姓于"水深火热"之中,就是"洪水猛兽",最终必然是"失道寡助",丧家灭国。从成语中可见孟子反对战争和"崇王黜霸"的态度。

4. 展示孟子教育思想

孟子教育思想丰富且影响深远,所以凝练孟子教育思想的成语也很多。如:"百世之师"、"教亦多术"、"春风化雨"、"揠苗助长(拔苗助长)"、"进锐退速"、"以其昏昏,使人昭昭"、"掘井及泉"、"专心致志"、"幼学壮行"、"事半功倍"、"金声玉振"、"自暴自弃"、"一暴十寒"。孟子认为一个人只有品高博学方可为人师表,才可值得人们崇尚,乃"百世之师"。孟子讲究教诲人用多种方法,故孟子说"教亦多术矣,予不屑之教诲也者,是亦教诲之而已矣"[①],

---

① 《孟子·告子章句下》。

说明教育有多种多样的方法,不屑于给予教诲,也是一种教育的方法。"君子之所以教者五:有如时雨化之者,有成德者,有达财者,有答问者,有私淑艾者。此五者,君子之所以教也"①,君子教育人不一概而论,有时雨化之使其感悟,有使人通达事理,有解疑答惑,即"因材施教"。孟子认为教育学生要循序渐进,不能"揠苗助长",天下不希望自己禾苗长得快的人很少,妄自帮助禾苗生长的人,就是"拔苗助长"的人,不但没有好处,反而害了禾苗,要懂得"进锐退速"的道理,即急于求进者往往后退也快。教师必须做到博学为师,身正为范,不能"以其昏昏,使人昭昭"。孟子同时要求学者要树立远大志向,"幼学壮行",幼时勤于学习,壮年施展抱负。学习要"专心致志",用心专一,聚精会神;要"持之以恒",善始善终,长久坚持方可成功;要讲究学习方法,才能"事半功倍",即有用力小收效大的效果;才能"金声玉振",成为知识渊博,才学

春风化雨

---

① 《孟子·尽心章句上》。

第五章 孟子文学智慧

精深的人。决不能"一暴十寒",勤奋一日,懈怠十天;更不能"自暴自弃",一遇困难,就自甘落后,不求上进。

5. 张扬孟子伦理思想

孟子伦理思想独具特色,在成语中也多有体现。孟子认为仁人志士要超越"地丑德齐"的天赋条件,经后天不懈努力,方可达到德智超群;应有"平治天下"的胸怀和追求,将自己的才智用于治理国家,使天下祥和,造福百姓;要有"舍我其谁"的担当,遇到自己该做的事,绝不退让;要有"兼善天下"的情怀,泽被苍生,使天下的人受益;要有"救民于水火"的责任感,把百姓从苦难的境地解救出来;方可"不愧不怍",行于光明止大之道,无愧于天地苍生。欲实现自己的抱负理想,就需要"存心养性",养"浩然之气",使自己充满浩大刚正的精神而立于天地之间;须有一颗"赤子之心",即纯洁善良的济世救民之心;要"陈善闭邪"、"辅世长民",向君主陈述善法美政,辟君主的邪心妄念,辅佐当世的国君管理天下,方可"独行其道",努力实现自己的济民振世主张。同时还要

有"洁身自好"、"守身如玉"、"穷不失义"的境界,保持自己像玉一样洁白无瑕的贞操,不同恶势力"同流合污",无论如何穷困,也要讲究礼义廉耻;若行事不顺或遇到了挫折和困难,要有"反求诸己"勇气,自我反省,多从自己身上找原因,看看自己平时的行为是否有违圣道,也就是遇到问题,要反躬自省,不怨天尤人;要有"闻过则喜"理性胸怀,善于听取别人的批评,虚心接受他人的意见;当处于无法实现自己的理想抱负的境地时,要有"独善其身"的坚守,要独治其身以待天清气明,即使在污浊的环境中也能不受干扰地坚守自己的美好品格。

6. 蕴藏孟子哲学思想

孟子哲思深邃,享誉海内外。蕴涵孟子哲学思想的成语也很多。如:"恻隐之心"、"与人为善"、"至大至刚"、"存心养性"、"动心忍性"、"言近旨远"、"仁心仁闻"、"天与人归"、"似是而非"、"地利人和"、"先知先觉"、"过化存神"、"良知良能"。孟子认为,人之所以性善,是因为人有"恻隐之心"、"羞恶之心"、"辞让之心"、"是非之心";所以"君子莫大乎与人为善","与人为善"就是善待他人,善待他人事实上就是善待自己;"与人为善"就可多一分爱心,多一分理解,多一分善良,多一分同情;能与他人和睦相处,才可让自己的心境始终保持在愉悦之中;那么君子就要"存心养性",保存"赤子之心",修养善良之性,即"存其心,养其性,所以事天也";孟子说"人之所不学而能者,其良能也;所不虑而知者,其良知也"[①],孟子所言的"良知良能",就是要求人们滋养与生俱来的善良本心,才能保持和发挥天赋的本能;就能"先知先觉",即超越众人,就能认识世界、把握客观事物发展规律。孟子说"今有仁心仁闻而民不被其泽,不可法于后世者,不行先王之道也"[②],所谓"仁心仁闻",也就是说保有仁慈的心肠,就会享有仁爱的声誉,就会呈现"天与人归"的景象,就会产生人心所向的效果。孟子说"言

---

① 《孟子·尽心章句上》。
② 《孟子·离娄章句上》。

第五章 孟子文学智慧

近而指远者;善言也",要想实现"言近旨远",就必须要坚持善言善行,方有"过化存神",感化万民之效。孟子认为人应养"至大至刚"的"浩然之气",因为"浩然之气"极浩大极有力量,若充满天地之间,仁义则会充满人间。一旦你的行为问心无愧,这种气就会有无穷的力量。

《孟子》既是儒家经典,也是先秦杰出散文,为后世留下丰富且哲思深邃的成语。《孟子》成语不仅结构固定整饬、内容贴近生活,而且富有文化蕴涵,为后世所喜闻乐道。《孟子》成语不仅为人们提供了经久享用的文化盛宴,还能让人们领略亚圣的思想光辉,更能彰显孟子的舍生取义的人格魅力和舍我其谁的高尚情怀及富贵不淫、贫贱不移、威武不屈的大丈夫气节。

第六章 孟子教育智慧

孟子曰:"君子有三乐,而王天下不与存焉。父母俱存,兄弟无故,一乐也;仰不愧于天,俯不怍于人,二乐也;得天下英才而教育之,三乐也。君子有三乐,而王天下者不与存焉。"①孟子说:君子有三大快乐之事,称王天下不在其中。父母健在、兄弟平安、没有怨恨,这是第一大快乐之事;上不愧对于天,下不愧对于人,这是第二大快乐之事;得到天下优秀的人才进行教育,这是第三大快乐之事。君子有三大快乐之事,称王天下不在其中。孟子不仅非常重视教育,把"得天下英才而教育之"作为人生的一大乐事,还提出了富有启迪意义的系列教育思想。

第一节 昭己方可昭人

常言道:博学为师,身正为范。那么什么样的人能为师诲人呢?孟子曰:"大人者,正己而物正者也。"②意思是:圣贤不仅能端正自己,还能端正万物。教学过程是师生双向活动。作为老师,其表率作用非常重要。孔子曾云:"其身正,不令而行;其身不正,虽令不从。"③孔子劝告统治者:自身正了,即使不发布命令,老百姓也会跟着做;自身不正,即使发布命令,老百姓也不会服从。也就是说"正人先正己"。孟子继承了孔子的思想,并将其发展成为教学原则。他说:"大人者,正己而物正者也。"就是说教育

---

① 《孟子·尽心章句上》。
② 《孟子·尽心章句上》。
③ 《论语·子路》。

第六章 孟子教育智慧

者端正了自己,外物便随之端正,即"其身正而天下归之"①,如果自身做得端正,天下的人自然会推崇你。故孟子曰:"贤者以其昭昭使人昭昭,今以其昏昏使人昭昭。"②意指:贤能的人用自己的明白使别人明白,糊涂人往往想用自己的糊涂使别人明白。孟子主张教育别人要"以其昭昭使人昭昭",反对"以其昏昏使人昏昏"。教育者首先要自己受教育,自己明白的道理才能讲给别人听,如果自己还一知半解就讲给别人听,就会误人子弟。也就是通俗说的:要给学生一碗水,自己得有一桶水。相反,身歪却要求影子正,源浊却要求流水清,自己都没搞清楚,却想去使别人明白,这就如同缘木求鱼。孟子曰:"缘木求鱼,虽不得鱼,无后灾。以若所为求若所欲,尽心力而为之,后必有灾。"③孟子说:缘木求鱼,虽然得不到鱼,却没有什么后患。以你的所作所为追求你想

---

① 《孟子·离娄章句上》。
② 《孟子·尽心章句下》。
③ 《孟子·梁惠王章句上》。

要得到的,越是努力,越是后患无穷。这是在批评"以其昏昏使人昭昭"的人。如果是一位教师,"以其昏昏使人昭昭",必然谬种流传,误人子弟;如果是一位官员,"以其昏昏使人昭昭",必然诬枉不正,戕害他人,危害社会。孟子要求"贤者以其昭昭使人昭昭",对教育者来说,"昭昭"应该是:高尚的德行,正确、丰富的理论知识,适宜的传播方式。教育之所以被称为"百年树人"的远大工程,就在于知识就是力量,人材决定国家未来。作为一名合格教师,必须有扎实的专业知识,较高的文化水准,良好的道德素养。教师不仅用自己的学识育人,更重要的是以自己的德行育人,不仅通过自己的语言去传授知识,而且要用自己的灵魂去塑造学生的灵魂。同时教师需有终生学习理念,始终保持有"一桶水",而且这"一桶水"要"洁净"、"安全"、"解渴",能适时滋润学生。教学过程要追求知识的正确性、丰富性,同时讲究趣味性、实用性。如果教育者都能"以其昭昭使人昭昭",就可幼苗茁壮,英才辈出,那么社会就能呈现"百姓昭明,协和万邦"景象。

习近平总书记 2014 年 9 月 9 日同北京师范大学师生代表座谈时指出:"国家繁荣、民族振兴、教育发展,需要我们大力培养造就一支师德高尚、业务精湛、结构合理、充满活力的高素质专业化教师队伍,需要涌现一大批好老师。"[1]强调造就一批优秀教师具有重要性和紧迫性,也使广大教师更加清醒地认识到教书育人务必遵循"以其昭昭使人昭昭"的原则。孟子所言的"昭昭"不仅仅指知识,还包括道德、信念、能力等多个方面。教师首先要做个明白事理、品德高尚、业务精良的人,才能使学生明白事理,才能教育培养出德智体美全面发展的学生。正确理想信念是教书育人、播种未来的指路明灯。无法想象一个没有正确理想信念的人能够成为好老师。作为好老师心中要有国家和民族,要明确意识到肩负的国家使命和社会责任。作为好老师,就必须有坚定正确的

---

[1] 习近平:《教师是打造中华民族"梦之队"筑梦人》,《人民日报》(海外版)2014 年 9 月 10 日。

理想信念。要立德树人，用自己的学识、阅历、经验点燃学生对真、善、美的向往，引领学生健康成长。朱熹《观书有感》云"问渠哪得清如许，为有源头活水来"①，要给学生一碗水，自己得有一潭水。学高方可为师，自古以来一名合格教师，首要一条就是具备深厚而广博的学识，这是一名教师最基本的业务素质，也是教师人格魅力的体现。一名合格教师的知识结构至少包括三个方面：广泛深厚的文化科学基础知识，扎实系统精深的专业学科知识，全面准确的教育科学知识和心理科学知识。这就要求教师不但对所教课程有精深的认识，还要有广博的知识。所谓"精"，就是要对专业知识不仅知其然，而且知其所以然。所谓"博"就是要触类旁通，具有相关学科的有关知识。教师要会学习，善于学习，不断汲取知识，扩大学识，做一个有渊博知识的教师，要与时俱进，善于更新知识结构，善于学习利用信息技术，充分发挥现代教育功能，才能真正"以其昭昭使人昭昭"。

第二节 因材施教

因材施教是指教师要从学生的实际情况、个别差异出发，有的放矢地进行有差别的教学，使每个学生都能扬长避短，获得最佳发展。因材施教就是要针对学生的志趣、能力等具体情况进行不同的教育。孔子和孟子不仅倡导"因材施教"，还践行"因材施教"。《论语》曰："子路问：'闻斯行诸？'子曰：'有父兄在，如之何其闻斯行之？'冉有问：'闻斯行诸？'子曰：'闻斯行之。'公西华曰：'由也问闻斯行诸，子曰有父兄在。求也问闻斯行诸，子曰闻斯行之。赤也惑，敢问。'子曰：'求也退，故进之；由也兼人，故退之。'"②有一次，孔子讲完课，回到自己的书房，学生公西华给他端上一杯水。这时，子路匆匆走进来，大声向老师讨教："先生，如果

---

① 朱熹：《观书有感》，载《朱子全书》第二十册，上海古籍出版社，2002年，第286页。
② 《论语·先进》。

我听到一种正确的主张,可以立刻去做么?"孔子看了子路一眼,慢条斯理地说:"总要问一下父亲和兄长吧,怎么能听到就去做呢?"子路刚出去,另一个学生冉有悄悄走到孔子面前,恭敬地问:"先生,我要是听到正确的主张应该立刻去做么?"孔子马上回答:"对,应该立刻实行。"冉有走后,公西华奇怪地问:"先生,一样的问题你的回答怎么相反呢?"孔子笑了笑说:"冉有性格谦逊,办事犹豫不决,所以我鼓励他临事果断。但子路逞强好胜,办事不周全,所以我就劝他遇事多听取别人意见,三思而行。"这是孔子"因材施教"的典型案例。"因材施教"要求教师在教学过程中,应该尊重和承认学生的个性差异,从学生的实际出发,使教学的深度、广度、进度适合学生的知识水平和接受能力,同时兼顾学生的个性特点和个性差异,使每个人的才能品行都得到发展。因材施教是教学中一项重要的教学方法和原则,在教学中根据不同学生的认知水平、学习能力以及自身素质,教师选择适合每个学生特点的学习方法进行有针对性的教学,发挥学生的长处,弥补其不足,

第六章 孟子教育智慧

激发学生学习的兴趣,树立学生学习的信心,从而促进学生全面发展。孔子的"因材施教"偏重于个性化教学。

孟子同样重视"因材施教",认为多样化的教学方法能收到良好的教学效果。他说:"君子之所以教者五:有如时雨化之者,有成德者,有达财者,有答问者,有私淑艾者。此五者,君子之所以教也。"①君子教育人的方法有五种:对于修养最好、才能最高的学生,只要及时提醒点化,如时雨润物一样,就可以了;对于长于德行的,则加以熏陶,使之成为德行高尚的人;对于长于才能的,则善为指导使之成为才能通达的人;对于一般的学生,则答其所问、排其所难、解其所惑就可以了;对于囿地点或时间的限制,不能入门受业的学生,则采取"私淑弟子"的形式,做到"闻道以善其身"。这就是对于几种不同类型的学生所应采取的不同的施教方法。孟子所说的君子是指思想开放的贤明教师,因材施教要求教师必须明白:所谓材,指的是受教育者的个性特征、知识能力等。既包含"天生我材"的成分,也包含"孟母三迁"前后不同环境造成人的不同品性,其在智力才能方面有他们各自的爱好和擅长。所谓"因材",要求教师对"材"的客观差异性有全面了解,并且要有对"材"的尊重及以"材"为施教依据的正确态度。所谓"施教",要求教师不能单纯地对受教育者"施知",在实施教育的过程中运用启发和诱导的方法,使受教育者领悟,重视受教育者"习得",就如同孟子所说的:"君子引而不发,跃如也。"②高明的老师教人射箭,只是拉满弓而不发箭,只做出要马上发箭的样子,让学生观察领悟而后自得。至于如何"因材"如何"施教",孟子曰:"教亦多术矣,予不屑之教诲也者,是亦教诲之而已矣。"③孟子说:教育的方法是多种多样,我不屑于给予教诲,也是一种教育的方法。教学的方法千差万别,这是不言而喻的。孟子的"不屑"之教是亦教也,是一种特殊的教学方法。孔子也是"不屑"之教的高手。孔子

---

① 《孟子·尽心章句上》。
② 《孟子·尽心章句上》。
③ 《孟子·告子章句下》。

教育宰予:"朽木不可雕也,粪土之墙不可圬也。于予与何诛?"①认为腐烂的木头不可以雕刻,用脏土垒砌的墙面不堪涂抹。对于宰予这样的人,还有什么好责备的呢? 其实这是对于宰予这样的人最严厉的责备。所以"不屑"之教的奥妙在于,我之所以不屑于教诲他,是让他羞愧而奋发向上。因此,不屑于教诲只是不适宜从正面去教导而已,是从反面激发他的自尊心。想来宰予是羞愧而奋发向上的人,后来还做了齐国的临淄大夫。所以"君子"教学契合了当今许多教育学、心理学原理。因材施教,是教育过程中必须遵循的基本法则,而不是一般的可供随意选择运用的教育技巧或方法。它对教育行为的影响和作用,是带有根本性、普遍性的。

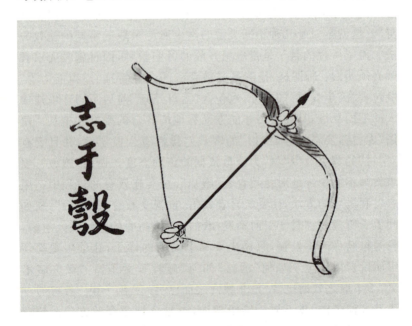

孟子在强调各因其材、灵活施教的同时,还主张坚持一定的标准。他说:"大匠不为拙工改废绳墨;弈不为拙射变其彀率。"②

---

① 《论语·公冶长》。
② 《孟子·尽心章句上》。

工匠师傅不能因为徒工笨拙而不要求他们把线画好；羿不会为了笨拙的射手而改变自己弯弓的限度。画好线、拉满弓是一定的标准，不能改变，至于说如何画好线如何拉满弓，却可以因人而异采用不同的教法。这实际上是说，教学时虽然要根据不同档次的学生而采用切实可行的教法，提出切实可行的进步要求，但"因材施教"也需要遵循一定的标准。孟子在因材施教中除了主张坚持一定的标准外，还特别强调要调动受教者的学习积极性，充分发挥受教者的主观能动性。孟子说："梓匠轮舆能与人规矩，不能使人巧。"[1]是说教育要把规矩给学生，并教他如何用，但是并不能使他灵巧。因为这巧和力不同。譬如教射箭，学生能按老师教的拉满弓，把箭射到百步以外，但却不一定就能射中。"由射于百步之外也，其至，尔力也；其中，非尔力也。"[2]有力气就能把箭射到百步以外，但能否射中，那就不是力气的事了，那取决于射箭的技巧，而技巧是别人无法给予的，只能通过自己去练习体会才能掌握。这就是常言道"师父领进门，修行在个人"。孟子正是认识到了这一点，所以不主张教者包办一切，教者应该像教射箭那样，"引而不发，跃如也"[3]，教射箭的只把弓拉满，摆出射箭的架势，并不一定真的就把箭射出去。也就是说教师教给学生如何射就行了，不能代替他们去射，应该是要学生自己主动地反复练习，只有这样他们才能真正地掌握技巧。

　　孟子在继承孔子因材施教思想的同时，又融入坚持标准、激发主观能动性的教学思想，这实是对孔子因材施教思想的发展和完善。他既重视个性化培养方案的设置，又强调育才的统一标准和目标。孟子的教育理念中，把张扬个性和适当的统一要求结合起来，同时注重发挥学生的主观能动性。

---

[1] 《孟子·尽心章句下》。
[2] 《孟子·万章章句下》。
[3] 《孟子·尽心章句上》。

第三节 启发诱导

孔子、孟子在教育实践中,都倡导和践行启发诱导原则,要求教师在教学过程中发挥主导作用,充分调动、激发学生主动思考的热情,让学生在主动学习中发现问题,发现困难,从而激发强烈的求知欲。学生进入积极的思维状态后,教师要适时指导启发:"不愤不启,不悱不发,举一隅不以三隅反,则不复也。"①如学生未进入积极思考状态,则不勉强施教,因为面面俱到的单一传授,会使学生处处依赖老师,阻碍其独立思考能力的提高。强调运用逻辑推理的思维方式启发学生,善于运用学生熟悉的、浅近的事例或道理推演出深刻的思想,让学生依据已有的知识、经验,积极探求,增长才识。

刘向《列女传》云:"孟子之少也,既学而归,孟母方绩,问曰:'学何所至矣?'孟子曰:'自若也。'孟母以刀断其织。孟子惧而问其故,孟母曰:'子之废学,若吾断斯织也。夫君子学以立名,问则广知,是以居则安宁,动则远害。今而废之,是不免于厮役,而无以离于祸患也。何以异于织绩而食,中道废而不为,宁能衣其夫子,而长不乏粮食哉!女则废其所食,男则堕于修德,不为窃盗,则为虏役矣。'孟子惧,旦夕勤学不息,师事子思,遂成天下之名儒。"②孟母断织这个故事流传很广,说明孟母不仅重视教育,还具有高超的教育艺术,重视启发式教育,富有启迪意义。孟子不仅自己深造自得成为亚圣,同样也重视科学施教,善于诱导启发。孟子教育学生经常在不经意的问答过程中实现预期目标。他善于用比喻的方法,使深奥的道理通俗化,浅显易懂。孟子曰:"羿之教人射,必志于彀;学者亦必志于彀(gòu,使劲张弓)。大匠诲

---

① 《论语·述而》。
② 〔汉〕刘向:《列女传·母仪篇》,载《重纂三迁志》,山东友谊书社,1989年,第346页。

第六章 孟子教育智慧

人必以规矩,学者亦必以规矩。"①孟子说:羿教人射箭,一定要射者把弓拉满;学射箭的人也一定要把弓拉满。高明的工匠教人必定要用规和矩,学习的人也一定要学会使用规和矩。孟子强调:高明的工匠不因为拙劣工人改变或废弃规矩,高明的弓手也不会因为拙劣射手改变拉开弓的标准。贤明的老师教导学生正如射手张满了弓,却不发箭,作出跃跃欲试的姿势,以启发和诱导学生,让学生在听、观、思、悟过程中"自得"。孟子希望学生开动脑筋,主动学习,老师不要急于代替学生得出结论,学生也不能完全期待、依从老师的结论。孟子曰:"尽信《书》,则不如无《书》。吾于《武成》,取二三策而已矣。仁人无敌于天下。以至仁伐至不仁,而何其血之流杵也?"②意思是:一味地相信《书》,还不如没有《书》。我对《尚书·武成》篇只不过相信其中的两三个道理罢了。仁人在天下是没有敌手的,最仁德的人去征伐最不仁德的人,怎么会使血流得把舂米用的长木槌都漂起来呢?孟子在此说明一个道理:学生不能把书中所言和老师所说当成判断事物的绝对标准;希望教师在教育过程中,也不能事事都告诉学生结论,而要运用多种方法,诱导学生思考,启发学生自己去"悟"而后"得",如此方可深造自得,才能博学详说。孟子还曰:"君子引而不发,跃如也。"③意思是说:教师如同射手,张满了弓却不发箭,作出跃跃欲试的姿势,以启发和诱导学生,激发学生学习积极性。《礼记》也曰:"君子之教喻也。道而弗牵,强而弗抑,开而弗达。道而弗牵则和,强而弗抑则易,开而弗达则思。和易以思,可谓善喻矣。"④意思是说,教师要善于启发诱导学生,让学生自己思考求得真解。途径应当是:引导学生而不影响学生独立思考;激励学生而不强迫学生顺从;启发学生而不是一下就把结论告诉他们。引导而不是牵制,就能处理好教与学之间的矛盾,使之和谐融洽;激励而不

---

① 《孟子·告子章句上》。
② 《孟子·尽心章句下》。
③ 《孟子·尽心章句上》。
④ 李学勤主编:《礼记正义》,北京大学出版社,1999年,第1063页。

是一味灌输,学生就会感到学习轻快简易;启发而不代替学生得出结论,就可培养学生独立思考的能力。如此,方可称之为启发诱导。

第四节 循序渐进

所谓"循序渐进",是指学习、工作等按照一定的步骤、程序逐渐深入或提高。在中国教育史上,孟子最早提出循序渐进教学原则。孟子曰:"流水之为物也,不盈科不行。"① 孟子认为教学过程急于求成,势必影响实际效果,可能招致退步也快。正确的进程应当像流水一样,注满了一个洼坎之后再往前流,这就是"盈科而后进"的道理。学习和做事一样,不能急于求成,所以孟子倡导求知者应循序渐进地学习。《论语》云:"夫子循循然善诱人,博我以文,约我以礼,欲罢不能。"② 意指:老师善于一步一步地诱导我,用各种典籍来丰富我的知识,又用各种礼节来约束我的言行,使我想停止学习都不可能。说明孔子善于按照程序、依照规律,一步一步地诱导学生。孟子推崇孔子教学方法,认为学习是一个自然发展的过程,既要持之以恒,不松懈不间断;同时也不能急躁冒进,违背规律,否则欲速则不达。孟子曰:"其进锐者,其退速。"③ 孟子本来是指升迁太快的人,摔落也快。学习就像逆流而上者,不讲究方法,不遵循规律,蛮干冒进,结果是败退也会很快。所以孟子又曰:"源泉混混,不舍昼夜,盈科而后进,放乎四海。有本者如是,是之取尔。苟为无本,七八月之间雨集,沟浍皆盈;其涸也,可立而待也。"④ 孟子说:有源的泉水滚滚奔涌,不分昼夜,注满了低洼之处又继续前进,一直流向四海。有本源的都是这样,孔子取的就是这一点。如果没有本源,到七八月间雨水滂沱,大沟小

---

① 《孟子·尽心章句上》。
② 《论语·子罕》。
③ 《孟子·尽心章句上》。
④ 《孟子·离娄章句下》。

渠都满了，但它们干涸也是很快的。学习也如流水，"不盈科不行"，流水遇到坎坷时，必须等水盈满后才能继续往前推进，学习也应由易到难，依序而进，遇到困难时，不应绕道或回避，而应"盈科而后进"，攻坚克难，日日进步，犹水日夜不停地流淌，注满江河，方能汇成大海。孟子还曰："孔子登东山而小鲁，登泰山而小天下，故观于海者难为水，游于圣人之门者难为言。观水有术，必观其澜。日月有明，容光必照焉。流水之为物也，不盈科不行；君子之志于道也，不成章不达。"① 孟子还说：孔子登上了东山，觉得鲁国变小了，登上了泰山，觉得天下变小了，所以看过大海的人，就难以被别的水吸引了，在圣人门下学习过的人，就难以被别的言论所吸引。观赏水有一定的方法，一定要观赏它的波澜。日月都有光，细小的缝隙必定都照到。流水这东西，不流满洼坑就不再向前流；君子有志于道，不到相当程度就不可能通达。孟子所言"成章"，意指事物达到一定阶段或具有一定规模，即可成章，成章方可通达。孟子强调的是：君子若有志于道，需要日积月累，没有一定的成就，就不可能一下子通达。不能投机取巧，不能走捷径，不能急躁冒进，没有循序渐进的积累，不可能取得重大成就，即所谓"源泉混混，不舍昼夜，盈科而后进，放于四海"。否则就会出现："宋人有闵其苗之不长而揠之者，芒芒然归，谓其人曰：'今日病矣！予助苗长矣！'其子趋而往视之，苗则槁矣。天下之不助苗长者寡矣。以为无益而舍之者，不耘苗者也；助之长者，揠（yà，拔）苗者也——非徒无益，而又害之。"② 孟子提醒人们千万不要像宋国人那样，担心自己的禾苗长不快而把禾苗拔高，累了一天回家告诉家人说："今天我太累了，我帮助禾苗长高了。"他的儿子跑到田里一看，禾苗都枯萎了。天下不拔苗助长的人太少了。以为集义无益而放弃修养的人，是不锄草不培育禾苗的懒汉；帮助禾苗快速成长的人，就是拔苗助长的人；他们这样做，不但于事无

---

① 《孟子·尽心章句上》。
② 《孟子·公孙丑章句上》。

益,反而会影响事情的发展。"揠苗助长"的寓言,主要说明循序渐进的重要性,学习知识如同作物生长一样,是一个自然有序的过程,有自己的规律,人们应当关注并促进教学过程的实现,但决不能用拔苗的方法去助长,结果是适得其反。孟子还曰:"流水之为物也,不盈科不行;君子之志于道也,不成章不达。"①意思是:流水这东西,不流满洼坑就不再向前流;君子有志于道,不到相当程度就不可能通达。说明学习必须打牢基础,同时要循序渐进,不断前行,逐步通达,切忌急躁冒进。如同《荀子》所言:"故不积跬步,无以至千里;不积小流,无以成江海。骐骥一跃,不能十步;驽马十驾,功在不舍。锲而舍之,朽木不折;锲而不舍,金石可镂。蚓无爪牙之利,筋骨之强,上食埃土,下饮黄泉,用心一也。蟹六跪而二螯,非蛇鳝之穴无可寄托者,用心躁也。"荀子认为:不一步步积累行程,就没有办法达到千里之远;不积累细小的流水,就不

---

① 《孟子·尽心章句上》。

可能汇成江河大海。骏马一跃也不能超过十步远；劣马拉车走十天不停息也能到达目的地。雕刻工若刻几下就停下来，那么腐烂的木头也刻不断。如果持续不断地刻下去，那么金石也能被雕刻成精美的艺术品。孟子、荀子都强调成功离不开点滴的积累，只有循序渐进、脚踏实地地累积"跬步"，才能取得巨大的成就。

第五节 专心有恒

孟子曰："无或乎王之不智也。虽有天下易生之物也，一日暴之，十日寒之，未有能生者也。吾见亦罕矣，吾退而寒之者至矣，吾如有萌焉何哉！今夫弈之为数，小数也；不专心致志，则不得也。弈秋，通国之善弈者也。使弈秋诲二人弈，其一人专心致志，惟弈秋之为听。一人虽听之，一心以为有鸿鹄将至，思援弓缴而射之，虽与之俱学，弗若之矣。为是其智弗若与？曰：非然也。"①
孟子说：君王的不明智不足奇怪。即使天下最容易生长的植物，让它曝晒一天，寒冻十天，也是不能生长的。我与君王相见的次数太少了，一旦离开，那些持与我仁政观点相反的人就来了，即使我的规劝使君王的仁心善念有所萌生，那又有什么用呢？比如下棋，只是一种小技艺而已；但如果不专心致志，也是学不好的。弈秋，是一个下围棋的知名高手，如果让弈秋同时教两个人下围棋，其中一人专心听弈秋讲课，另外一个人虽人在课堂，心却想象天鹅就要飞来，幻想拿起弓箭去射杀它。虽然两人一同学习，但结果后者比不上前者。是因为后者的智力比不上前者吗？自然不是！孟子在此强调学习需要专心致志，不能三心二意。他以下围棋作比，下围棋虽是小技艺，若不能一心一意，专心致志，那也是学不好的。

再好的老师，再好的教学方法，如果学生心猿意马，那也无法使之学有成就。所以学习是否有成就，不取决智商高低、聪明与

---

① 《孟子·告子章句上》。

否,而是取决于科学的学习方法,取决于个体对学习的专心程度。孟子主张专心致志的同时,还提出了持之以恒的思想。孟子曰:"山径之蹊,间介然用之而成路;为间不用,则茅塞之矣。"①山间小道经常去走就变成了一条路,如果有一段时间不走,便会被茅草所堵塞。学习也是如此,如果停下一个时期不用心学习,学到的知识也会遗忘。因此,学习者要有不达目的誓不休的精神,孟子反对"一曝十寒"的学习态度,"虽有天下易生之物也,一日暴之,十日寒之,未有能生者也"②。即使是最容易生长的植物,如果晒它一天,冷却十天,也不可能正常生长。孟子反复强调学习要持之以恒。若"一日暴之,十日寒之",结果只能是一事无成,枉然一生。孟子还说:"有为者辟若掘井,掘井九轫而不及泉,犹为弃井也。"③有所作为的人做一件事如同掘井,掘到六七丈深还不见水,

---

① 《孟子·尽心章句下》。
② 《孟子·告子章句上》。
③ 《孟子·尽心章句上》。

就停止挖掘,结果等于没挖,这说明有为者必须有恒心,不能半途而废。学习就如同挖井,需坚持不懈、持之以恒地挖下去,总有一天能够见到清泉。说明有为者必有恒心,取得最后成功者必是不断"掘井"者。目标不明确、意志不坚定者,往往是半途而废,功亏一篑,前功尽弃,根本原因就是缺乏恒心。俗话说"行百里者半九十",凡事往往越是到了临门一脚,越是艰难,因此即使走到了九十里路的地方,也要当作刚刚走了一半,这样才会感觉剩下的十里路不太艰难,否则,这最后十里路走得会比前面任何一个十里路都更加艰苦、更加漫长。若能坚持到最后一秒,就能到达目的地;若稍有畏惧或松懈,必然前功尽弃,导致失败,"犹为废井也"。

拿破仑曾说:"达到目标只有两种途径:势力和毅力,势力只有少数人拥有,但是毅力,坚韧不拔的毅力却是大多数人都可以实行的。它沉默的力量随着时间的发展而最终无法抵抗。"[1]"美国人成功的秘诀,就是不怕失败。他们在事业上竭尽全力,毫不顾及失败,即使失败也会卷土重来,并立下比以前更坚韧的决心,努力奋斗直至成功。"[2]这与孟子"持之以恒"的思想是异曲同工。

第六节 深 造 自 得

孟子强调尽心、知性、知天,认为知识的获取,并非凭空而来,必须经过自己主动自觉地努力钻研,才能真正领悟。既然万事万物的道理都在我心中,那么只有自求才能自得,才能心领神会,并能达到运用自如的地步。故孟子曰:"君子深造之以道,欲其自得之也。自得之,则居之安;居之安,则资之深;资之深,则取之左右逢其原,故君子欲其自得之也。"[3]孟子说:君子欲求得很深的造诣,要依循正确的方法,就是要靠自己的努力才能有所得;自己得到了,才能在辨别事物时处之安然;在辨别事物时处之安然,才能

---

[1] 白云天主编:《拿破仑传》,安徽文艺出版社,2012年,第134页。
[2] 徐先玲:《让孩子养成受益一生的好性格》,河南人民出版社,2010年,第166页。
[3] 《孟子·离娄章句下》。

积蓄得深;积蓄得深,用起来才能取之不尽,左右逢源;所以君子要强调自己有所得。也就是说获取知识,不仅要认真学,还要讲究正确的方法,重视顿悟和积累。如此方可取之不尽,用之不竭,左右逢源,受益终生。孟子主张学习需要深化,必须要有自己的收获和见解。尤其是学习中要有独立思考精神,读书确实重要,但应求甚解,而不能书云亦云,对前代的文献典籍,不要轻信,不能盲从。孟子认为君子要想达到高深的造诣,进入精深的境界,必须有科学的学习方法,从而获得有自我体验、自我感悟的知识。只有自我体验、自我感悟的知识,才能够掌握牢固、积累深厚;积累得深厚,运用起来就能够左右逢源。古往今来,有很多学者对之进行了诠释。"深造自得"是指学习者在内心对学习内容不断深化,进行多层次的加工,以达到精深境地的学习方法和策略。孟子又曰:"博学而详说之,将以反说约也。"①意思是:只有广博学习、详细探讨,才能简略阐述大义。孟子认为深造自得要注意能将广博的知识,融会贯通,然后再归纳为简约的结论以达到"约"的地步。也就是我们今天所说的"深入浅出",自己理解了,还能将深奥的道理用浅显的语言表达出来,让别人也能听得懂、有所得。这是一种重要的思维方法与学习方法,也是一种教学方法。作为教师,要把一个道理讲明白,如果没有关于这个道理的广博知识并能融会贯通,那是很难把这个道理的重点、难点与关键之处传递给学生。由博返约,以简驭繁,这是孟子留给后人的重要的学习与教学方法。但归根结底:深造方可自得,博学方可详说,深入方可浅出。此乃亘古不变之定律。

"深造自得"是学习者自觉向内心求索的学习。在孟子的学习认知中,学习有两种,一种是"外铄",即从外部世界获取知识或信息;一种是"内求",即向内心世界去求索、探究、体验。孟子更重视内求在学习中的作用。孟子曰:"仁义礼智,非由外铄我也,

---

① 《孟子·离娄章句下》。

第六章 孟子教育智慧

我固有之也,弗思耳矣。故曰'求则得之,舍则失之'。"①学习是一种内心求得的过程。孟子认为"自得"之学来源于"深造","深造"不是向外部世界去索取,而是向内心世界去探求。为什么要向内心世界探求呢?因为人生来就具有"仁义礼智"的资质与潜能,只要学习者能够向内"扩而充之",就能够使这种资质和潜能变成实际的品质和才能,这就是"深造自得"的过程。外铄虽然也可以获得某些功利性或实用性的信息或知识,满足人们眼前某种实际生活的需要,解决人们实际生活中的某些问题,但是要提高道德境界,获得人生的感悟,解决人生最根本的问题,就需要向内心求索的"深造自得"。要主动利用与发挥"思"的作用,向内心深处探索,所谓"心之官则思,思则得之,不思则不得也。"②"求则得之,舍则失之,是求有益于得也,求在我者也。"③在孟子看来,圣人之学

---

① 《孟子·告子章句上》。
② 《孟子·告子章句上》。
③ 《孟子·尽心章句上》。

一定是自得之学,仅仅向外部世界下工夫,而缺少向内心世界探索的工夫是不可能获得圣人之学的。北宋程颢、程颐也说:"学也者,使人求于内也,不求于内而求于外,非圣人之学也。""学莫贵于自得,得非外也,故曰自得。"①认为要获得圣人之学,就必须要有向内心世界探索的功夫。明代王阳明曾以饮食消化作比,认为"记诵词章之学","习训诂,传记诵"之学是没有"消化"的学问,虽然"博学多识,皆伤食之病也",只有得之于心之学才是被学习者"消化"的学问。在此基础上,王阳明进一步提出,即使消化,也有两种,一是依赖他人点化,二是自家解化。他认为自家解化才是真正的"深造自得"。王阳明《传习录》曰:"学问也要点化,但不如自家解化者,自一了百当;不然,亦点化许多不得。"②认为自得不是得之于口目,而是得之于心。王阳明说:"夫学贵得之心,求之于心而非也,虽其言之出于孔子,不敢以为是也,而况其未及孔子者乎!求之于心而是也,虽其言之出于庸常,不敢以为非也,而况其出于孔子者乎!"③意思是:学问贵在得之于心,如果印证于我心中而认为是错误的,就算这些话是出自孔子之口,也不敢认为它是对的,何况说这些话的人还比不上孔子呢?印证于我心中而认为是正确的,就算这些话是出自平常人之口,也不敢认为是错的,何况说这些话的人还是孔子呢?所以说"深造自得"是自我体验的学习,就是"切己体察"的学习。"自得"之学必须经历观察、体验的过程。所以孟子说:"故说诗者,不以文害辞,不以辞害志。以意逆志,是为得之。"④意思是:解说诗的人,不要拘于文字而误解词句,也不要拘于词句而误解诗人的本意。要凭借自己阅读作品的感受去推测诗人的本意,这样才能真正读懂诗。"深造自得"本身就是孟子自我体验的结果,孟子就是以自己切身体会说出这番话的。孟子不仅在自己的亲身实践中运用"深造自得"的学习

---

① 〔宋〕朱熹编:《二程遗书》卷二十五,上海古籍出版社,2000年。
② 〔明〕王阳明:《王文成公全书》,中华书局,2015年,第141页。
③ 〔明〕王阳明:《王文成公全书》,中华书局,2015年,第94页。
④ 《孟子·万章章句上》。

策略，将自己塑造成胸中充满"浩然之气"的大丈夫，而且还将自己的体会寓于著作中，供后学者学习、借鉴和发扬光大。

教育是人类关注的永恒话题，孟子非常重视教育，孟子教育思想内容非常丰富，强调教者要重视诱导启发、因材施教；希望学者能深造自得、持之以恒，启迪教、学者，富有实践意义。

第七章 孟子管理智慧

孟子思想博大精深,蕴涵着丰富的管理智慧。孟子的管理智慧启迪历代统治者安邦治国,对当今各类组织构建科学管理理念、拓展管理思路、提高管理水平都具有指导意义。孟子管理思想的理论依据、核心理念、理想境界、价值追求和方法论,独具特色。

第一节 人性本善的管理理论依据

任何管理思想,都以一定的人性假设为前提。孟子管理思想也是从人性假设入手。管理的主体和对象都是人,对人性的假设不同,管理方法手段乃至制度设计和运作体系都会不同。控制与激励、他治与自治、监督与信任等问题,从哪个方向出发展开管理活动,都取决于相应的人性假设。中国古代的管理思想,从一开始就有人性假设的分歧。到孟子这里,人性假设成为管理思想的原点之争。

性善还是性恶,是管理思想的核心或者原点。由此层层展开,构成丰富多彩的外在世界。如果沿着性善假设展开,那么,各种管理措施和方法,就需要围绕着培育人的善念,发掘人的善心,鼓励人的善行,扩充人的善举来设计和操作。孟子的治国理念就是立足于此。如果沿着性恶假设展开,那么,各种管理措施和方法,就需要处处防范人的恶意,遏制人的恶念,制止和惩罚人的恶行,以制度和暴力来迫使人不敢为恶。韩非的治国理念就是立足于此。正是孟子人性本善的假设,形成了独具特色的社会管理的价值取向,古代多少仁人志士为实现这一价值取向做过不懈的努力,竭力将人性之善变为美好现实。所以孟子性善说在中国古代管理思想中占有非常重要的地位。

美国著名管理学家道格拉斯·麦格雷戈曾提出管理学上著名的 X 理论和 Y 理论①。X 理论认为:人类本性是懒惰的、好逸恶劳的,尽可能地逃避工作,避免承担责任,因此必须采取强迫、控制并运用惩罚等手段来使员工完成组织目标。Y 理论认为:人对于组织既不会消极也不会抵抗,人类从事体力劳动和脑力劳动如同休息和游戏一样都是人的天性,外力的控制和处罚并不是促进人们为实现组织目标做出努力的唯一手段,承诺完成目标的程度,是与他们成绩相联系的报酬大小成正比的。如果给员工创造适当的环境,就能将个人目标与组织目标相统一,工作就能成为人们取得满足的源泉。X 理论是把人作为"经济人"来看待的,并

---

① 参阅美国心理学家道格拉斯·麦格雷戈(Douglas McGregor)所著的《企业的人性面》(*The Human Side of Enterprise*),中国人民大学出版社,2008 年。

以此为出发点,片面强调人追求物质利益与好逸恶劳的天性,认为在管理中应对员工严加管束并强制他们完成任务,这是西方传统的管理理论;Y理论把人作为一种"社会人"来看待,认为人是有感情的,有精神满足的需要,应该对员工采取鼓励和诱导的方法,这是一种人性化的管理方法。由此可知,X理论的依据是"人性恶",强调约束与惩罚,表现形式是逆势而制;而Y理论的依据是"人性善",强调疏导与鼓励,表现形式是顺势而引。

Y理论与孟子的人性理论有共通之处,或者说是受孟子性善论启发而成。战国时期,我国有三种人性理论,其中包括告子的"性无善无不善论"、孟子的"性善论"和荀子的"性恶论"。孟子主张"人性本善",他说:"人性之善也,犹水之就下也。人无有不善,水无有不下。"①用水往地势低处流来说明人性本善的道理,为了证明人性本善,他指出人生来就具有仁、义、礼、智"四端",即四种善的萌芽。他说:"恻隐之心,仁之端也;羞恶之心,义之端也;辞让之心,礼之端也;是非之心,智之端也。人之有是四端也,犹其有四体也。""仁义礼智,非由外铄我也,我固有之也。"②"今人乍见孺子将入于井,皆有怵惕恻隐之心。"③人有不忍人之心,说明人性善,后天人的行为之所以有恶,"非才之罪也"④,不善的症结在于人,而不在于"性"。孟子强调,人之所以不能发挥自己天生的善良本性,完全是受了外界不良因素的影响,恢复人的善性的途径是通过道德教化,使与生俱来的善性彰显出来。孟子的管理思想是建立在"人性本善"的基础之上,"性善论"是孟子管理思想的基本出发点和依据。理论依据不同,管理的方法就不同,结果也不一样。西方传统的管理理论依据"人性恶",将员工视为"外人"和管制对象,以"强制"与"管"为主,结果员工在劳动时缺乏激情,"从"而不"服",员工如同机器,被动而不自主,不能从根本上调动

---

① 《孟子·告子章句上》。
② 《孟子·告子章句上》。
③ 《孟子·公孙丑章句上》。
④ 《孟子·告子章句上》。

员工的劳动积极性,更不可能激发主观能动性和创造性。中国以孟子为代表的管理理论,依据"人性善",以强调"导"与"激励"为主,重视树立员工主人翁意识,让员工感觉自己与组织血肉相连、心灵相通、命运相系,所以员工不仅是"信"而"服",还可充分调动其劳动积极性,发挥其主观能动性,激发其创造性。

性善强调人类动机的道德性,性恶强调人类动机的反道德性;性善假设重视人类动机的情感和公益性,性恶假设强调人类动机的理性和自利性。孟子在坚持性善论的同时,并不排斥人的利己行为。尽管孟子有过"何必曰利"的说法,有过义利之辩,但并不排斥人类的公利大利,而仅仅反对有害于仁义的私利小利。所以性善论包含着富有情感的公利内涵,性恶论隐含着损害他人利益的自利假设,却忽略了自利推进社会进步的正当性,把所有的利益追求都视为恶。不管后人是否完全赞同孟子的性善论,但它奠定了中国古代管理的价值取向是不争的事实,并极大地影响现代管理理念。这种方向的确立,对于管理是非常重要的,因为管理的价值目标指向哪里,人们就会走向哪里。以性善论为管理前提,有利于培育人的善意并激发人的善行,使管理过程充满愉悦。

第二节 人际和谐的理想管理境界

"和"思想是儒、释、道都强调的社会核心价值,儒家强调人与人之间的社会和谐,佛家强调人内心和谐,道家强调人与自然和谐。儒家"和谐观"不仅具有理论价值,还有很强的社会实践意义。孔子说:"礼之用,和为贵。"①意思是说,要运用礼义教化使各种关系达到和谐统一。孟子继承并发展了孔子的"和谐观",曰:"天时不如地利,地利不如人和。三里之城,七里之郭,环而攻之而不胜。夫环而攻之,必有得天时者矣;然而不胜者,是天时不如地利也。城非不高也,池非不深也,兵革非不坚利也,米粟非不多

---

① 《论语·学而》。

也;委而去之,是地利不如人和也。故曰:域民不以封疆之界,固国不以山溪之险,威天下不以兵革之利。得道者多助,失道者寡助。寡助之至,亲戚畔之;多助之至,天下顺之。以天下之所顺,攻亲戚之所畔;故君子有不战,战必胜矣。"[1]意指:有利的天时不如有利的地势,有利的地势不如人的齐心协力。一个三里内城墙、七里外城墙的小城,四面围攻都不能够攻破。既然四面围攻,总有遇到好天时,但还是攻不破,这说明天时不如有利的地势。还有一种情况,城墙不是不高,护城河不是不深,不是兵器和甲胄不尖利和不坚固,不是粮草不充足,但还是弃城逃跑了,这就说明有利的地势不如人的齐心协力。所以说:管控百姓不是靠封锁边境,保护国家不是靠山川险阻,扬威天下也不是靠锐利的兵器。行仁政者就会得到更多的人拥戴,失道义者拥护的人就少。拥护的人少到极点时,连亲戚也会叛离;拥护的人多到极点时,全天下的人都会顺从。以全天下人都顺从的力量去攻打连亲戚都会叛离的人,必然是不战则已,战无不胜。孟子认为在战争中,天时、地利、人和这些因素都会影响到战争的胜败,但最终起决定作用的因素既不是天时,也不是地利,而是人和,即是否得到老百姓的拥护。若以企业管理为例,企业在管理过程中就是要营造"人和",就是要建立和谐的人际关系。导致一个企业衰败破产的根本原因往往不是来自外部的竞争,而是由于内部的矛盾和冲突,缺乏"人和"氛围。孟子重视"人和"效应,可以说是他的人本管理主张和"民贵君轻"思想合乎逻辑的发展。孟子强调拥有地利不如拥有人和,人和即民心,就是要得到百姓的拥护。在这里孟子特别强调人际和谐的重要性。

　　孟子的"人和"思想实际上是其重民思想的进一步的逻辑推衍。从某种意义上讲,管理的本质就是协调,就是要调节好组织内外人与人之间、人与物之间的关系,集中组织内部的有效资源来实现组织的共同目标,组织目标的实现是得益于组织内部全体

---

[1] 《孟子·公孙丑章句下》。

人员的和谐与"同舟共济",它是组织发展、事业兴盛的巨大力量的源泉。如果一个企业的内部不团结,各部门之间互相推诿,部门与部门之间互不合作,人与人之间互不信任,组织涣散,内耗严重,员工缺乏"同舟共济"的意识与行为,那么,这个企业就缺乏生命力。世界上一些知名企业之所以具有较高的效率,在全球市场上一直保持经久不衰的竞争力,基本得益于它们具有"和"的团队精神。法国管理学家法约尔曾说:"团结就是力量,企业领导人必须好好想想这句话。"①孟子把"和"看成是社会管理中最可宝贵的东西,说明孟子早就悟透管理的理想境界——人际和谐,具有极强的现实意义和深远的历史意义。

孟子曰:"家必自毁,而后人毁之;国必自伐,而后人伐之。"②家和国之所以破败灭亡,首要原因是内部矛盾,自相攻击,相互拆

---

① [法]亨利·法约尔著,迟力耕、张璇译:《工业管理和一般管理》,机械工业出版社,2007年。
② 《孟子·离娄章句上》。

台,为外敌提供可乘之机。企业的兴衰成败也是如此,自身原因始终是第一位的。孟子从反面立论,说明一个国家,一个组织,必须重视内部和谐,才能兴旺发达。对一个企业来说关键就是要用共同的理想信念把人心凝聚起来,培养企业的团队精神,使广大员工在融洽和谐的氛围中愉快工作,这样才能使企业立于不败之地。英国铁路公司总裁彼得派克曾说:"唯有劳资关系和谐,双方同心合作,企业才会有蓬勃的发展。"[1]正如美国管理学家米契尔·拉伯福所说:"一大批长期、热忱、有认同感的员工是持久成功的关键。"一个公司的成功"有赖于员工团结合作以实现共同的目标,而不当的冲突和竞争足以毫不含糊地毁掉一个组织"[2],都是强调人际和谐的重要性,或许在一定程度上是受孟子和谐思想影响。

第三节 义利统一的管理价值追求

每个企业都有自己的文化,文化影响着企业中的每一件事,包括决策、组织形象设计、员工形象设计以及业余文化生活。企业文化应是组织内部非常有效的凝和剂与内驱力,而在企业文化中,企业的价值观又是其中最核心的部分,它是现代企业的灵魂,它制约与支配着企业的宗旨、信念、行为规范和目标追求。在企业的价值观中,涉及如何处理义与利的关系问题,也就是社会公利和企业自身利益的关系。对这个问题的态度不同,将影响企业对发展方向的把握、经营战略目标的设定,也将影响企业未来的发展潜力。不可否认,企业是营利组织,想要赚钱是理所应当、必须的,但是,如果企业以利当先,见利不见义,只是一味地挖空心思地赚钱,不顾公利,不顾服务对象利益,那么,企业必将堕入不受社会欢迎之列,即使其有一时繁荣,终会因内外环境恶化而走

---

[1] [美]雷·怀尔德:《管理大师如是说》,中国友谊出版公司,1986年,第166页。
[2] [美]米切尔·拉伯夫:《世界上最伟大的管理原则》,科学技术文献出版社,1989年,第66—70页。

第七章 孟子管理智慧 143

上绝境,这一点,已经被许多企业的兴衰历史所证明。

孟子主张义先利后,义利统一。首先,孟子主张先义后利。他认为人的行为应以义为准绳,不能以利为标的,否则会出乱子。孟子曰:"大人者,言不必信,行不必果,惟义所在。"①意思是说:通达的人说话不一定句句守信,做事不一定非有结果不可,只要合乎道义就行。孟子又云:"非礼之礼,非义之义,大人弗为。"②认为不符社会行为规范和不属最佳行为方式的事,通达的人都不会去做。《孟子》还曰:"王何必曰利?亦有仁义而已矣。王曰:'何以利吾国?'大夫曰:'何以利吾家?'士庶人曰:'何以利吾身?'上下交征利而国危矣。万乘之国弑其君者,必千乘之家;千乘之国弑其君者,必百乘之家。万取千焉,千取百焉,不为不多矣。苟为后义而先利,不夺不餍。未有仁而遗其亲者也,未有义而后其君

---

① 《孟子·离娄章句下》。
② 《孟子·离娄章句下》。

者也。王亦曰仁义而已矣,何必曰利?"①孟子告诫梁惠王:大王何必说利呢?只要说仁义就行了。如果大王说怎样使我的国家有利?大夫说怎样使我的封地有利?一般人士和老百姓说怎样使我自己有利?结果是上下互相争夺利益,国家就危险了。在一个拥有万辆兵车的国家里,杀害国君的人一定是拥有千辆兵车的大夫;在一个拥有千辆兵车的国家里,杀害国君的人一定是拥有百辆兵车的大夫。这些大夫在万辆兵车的国家中就拥有千辆,在千辆兵车的国家中就拥有百辆,他们的拥有不可谓不多。可是如果把义放在后而把利摆在前,他们不夺得国君的地位是永远不会满足的。反过来说,从来没有讲"仁"的人一定会抛弃父母,从来也没有讲义的人一定不会顾及君王。所以,大王只说仁义就行了,何必说利呢?孟子在此就是强调先义后利,以义获利。其次,孟子反对见利不见义的行为,但这并不是说不重视物质利益,也不是反对追求合理的、合乎"义"的利。"好色,人之所欲……富,人之所欲……贵,人之所欲。"②换言之,财富、地位、美色都是人们所想得到的,孟子对这一点是肯定的,不过,他希望"王如好货,与百姓同之……王如好色,与百姓同之"③。孟子还强调取利的原则,他说:"非其义也,非其道也,禄之以天下,弗顾也;系马千驷,弗视也。非其义也,非其道也,一介不以与人,一介不以取诸人。"④认为合乎道义的利益,取;不合道义的利益,不取。这一点对个人而言很重要,对企业就更加重要,因为企业肩负着社会责任,所以企业管理的价值追求,必须坚持"义利统一"原则,方可使企业立于不败之地,才能欣欣向荣。

义利关系,即义与利孰轻孰重的问题,是价值观的核心。现代管理学认为,企业价值观是企业文化中最重要的部分,是现代企业的灵魂。企业的经营目标、宗旨和方向归根到底是由价值观

---

① 《孟子·梁惠王章句上》。
② 《孟子·万章章句上》。
③ 《孟子·梁惠王章句下》。
④ 《孟子·万章章句上》。

来决定。成功的企业几乎都把先义后利作为企业最重要的信念，反对见利忘义或先利后义。目前国内外许多优秀企业先义后利、义利兼顾的价值理念与孟子的义利观是一致的，或者说是继承和发展了孟子的义利观。国际优秀企业的价值理念有一些共同的特点，就是利润应该成为企业科学、合法、合乎情理管理的副产品和必然结果，但利润并不是企业经营的终极和唯一目标，因为企业的根本使命在于谋求人类生活品质的提高，也惟有努力完成根本使命时，利润才会变得更重要和更有意义，也才能得到国家政体和主流意识形态的支持和声援。比如青岛海尔集团把"振兴民族工业"作为自己追求的目标，就得到国家支持和舆论声援。联想集团总裁柳传志曾说："利润高的商品并非就是好商品，只有受消费者欢迎的产品才是好商品……客户的效益第一，联想的效益第二……企业获得效益必须建立在客户获得效益的基础上，利人方能利己。"①总之，世界上成功的企业之所以能成功，与其遵循"先义后利，义利统一"的价值理念有密切的关系，这也证明了孟子义利观具有"普世"价值，即孟子"先义后利，义利统一"的价值观，不仅影响中国，也影响世界；不仅在昨天、今天有意义，在未来仍会显示其价值。

第四节 执中用权的科学管理方法

孟子思想中充满着通权达变的灵活性，权变作为一种生活的智慧和艺术，具有十分重要的意义。孟子曰："大人者，言不必信，行不必果，惟义所在。"②表面上看，孟子似乎持不守信誉、不讲原则操守的生活态度，其实不然。孟子认为：当作出的承诺因环境条件的变化而无法兑现，或者兑现承诺不但无益而且有害时，放弃承诺就是必要和明智的。当已经开始的某项工作因条件的变

---

① 潘成烈、虞祖尧：《中国古代管理思想之今用》，中国人民大学出版社，2001年，第153页。
② 《孟子·离娄章句下》。

化而无法继续下去,或继续该项工作会给他人带来伤害时,放弃这项工作就是明智的。此时的是非判断标准就是"义",即更高的价值准则和利益原则。任何组织在做任何决策时,不能拘泥于某些固定的框框和僵硬的标准,因为框框和标准是死的,是过去的;而人是活的,是现时的。孟子曰:"执中无权,犹执一也。所恶执一者,为其贼道也,举一而废百也。"①孟子主张中道,同时认为如果采取中间立场而没有周密的权衡、灵活的变通,那么同样是执着于一端。人们之所以厌恶执着于一端,是因为它损害正道,它坚持一点而不顾及其他。"权"如同秤砣,它可通过灵活移动来衡量物品的重量,永远不会固定在一个点上,彰显灵活性和应变性。孟子反对用僵化、凝固不变的观点来观察和处理问题,认为坚持一定的原则和标准是好的,但如果过了头,就会变成死板僵化的教条,因为它违背了事物发展的规律,否定了事物的丰富多样性。舜的父亲为人顽劣,几次要害死舜,舜要结婚,如果舜事先去征求父母意见,就有可能结不了婚,这种情况下"不告而娶",就是唯一正确的选择,这时就不应死守"娶妻如之何?必告父母"②的礼制。

　　孟子关于通权达变的思想对于企业管理是富有启发性的,这也构成了孟子管理思想的一大特点。企业经营管理要面向市场,而市场是一个充满变化和未知因素的王国,在这里风险与机遇同在,成功与失败并存。因此在企业管理中,僵化固执、墨守成规就意味着亏损破产;通权达变、相机决策是唯一正确的选择,它也完全符合现代企业管理的理论和实践。企业管理中要根据企业所处的内外环境条件随机制宜,没有一成不变,普遍适用的管理原则、方法和标准。管理者必须弄清当时当地的环境条件,在不同的时间、地点,针对不同的对象,必须选择适当的管理模式和方法。

---

① 《孟子·尽心章句上》。
② 《孟子·万章章句上》。

第七章 孟子管理智慧

管理方法是管理主体从事决策、计划、组织、领导、控制和创新等各种管理活动时所使用的手段和工具。孟子管理思想中极具特色的方法就是"执中用权",也是孟子管理思想有别于西方管理思想的独到之处。儒家特别强调"用中",《中庸》云"执其两端,用其中于民"[①],"中"即指适"度",追求"不偏不倚",反对"过"与"不及"。过分与不足都是一样的,都是偏的表现,只有适"中"才是最佳,所以孔子也提倡"允执其中"。孟子曰"汤执中,立贤无方"[②],推举商汤处事多走中间道路,树立贤才不论其是何地何出身。他提倡"中道而立,能者从之"[③],认为一个贤能之人站在道路中间,有才能的人就会跟从。在管理实践中运用"中"的方法,体现在对"度"的把握上,就是要把握好分寸与尺度,不走极端,既不急躁冒进,也不固步自封。要求管理者,放眼全局,审时度势,内外兼顾,进退自如,适"中"不"偏",企业方可长盛不衰。

"权"是指权变,就是指事易时移,随具体情境而变,要求不拘泥于陈规陋俗和现成的经验,根据时空和态势的变化而变化,体现的是灵活性和机动性。孟子作为古代智者,在思考问题和处理实际事务时经常不拘泥于传统的陈规陋俗,表现出一种灵活应变的智慧和随机制宜的艺术。比如齐国辩士淳于髡问孟子:"男女授受不亲,礼与?"孟子答:"礼也。"又问:"嫂溺,则援之以手乎?"孟子曰:"嫂溺不援,是豺狼也。男女授受不亲,礼也。嫂溺,援之以手者,权也。"[④]淳于髡问男女之间不亲手传递接受东西,这是一种社会行为规范吗? 孟子说这是社会行为规范。淳于髡又问如果嫂子淹入水中,小叔子要伸手去救她吗? 孟子说嫂子淹入水中小叔子不伸手去救,小叔子就是豺狼。所谓男女授受不亲,是一种社会行为规范;嫂子淹入水中,小叔子伸手去救,是一种权宜变通之计。在处理嫂子溺水问题时,孟子表现出了极强的灵活性,

---

① 李学勤主编:《礼记正义》,北京大学出版社,1999 年,第 1425 页。
② 《孟子·离娄章句下》。
③ 《孟子·尽心章句上》。
④ 《孟子·离娄章句上》。

这就是权变,就是不能死守教条,需因时因事随需而变。孟子认为嫂嫂溺水,小叔子打破男女授受不亲的礼制,伸手救嫂,这符合更高的价值准则,能产生更好的社会效果。美国权变理论的代表人物弗莱德·E.菲德勒曾说:"在管理过程中,要保证管理工作的高效率,在环境条件、管理对象和管理目标三者发生变化时,施加影响和作用的种类和程度也应有所变化,即管理手段和方式也应该发生变化。"现代权变理论认为,在组织管理中要根据组织所处的环境和内部条件的发展变化随机应变,没有一成不变、普遍适用、"最好"的管理方法。换言之,在现实中,没有放之四海皆准的管理方法,任何先进、科学的管理方法都应根据时间、空间、条件的变化而变化,否则,它就不再显现先进与科学,如果死守套用,必败无疑。许多优秀企业家都非常熟悉这一原理,并在实践中灵活运用。

在现代企业竞争中,变化是永恒的,不变是暂时的,一个企业要想长盛不衰,必须懂得权变的道理,不断地依据外部环境的变化适时地调整自己的战略措施,赢得市场与顾客,惟有如此,才可使企业立于不败之地。事实上"执中用权"思想,在生活和工作的方方面面都有指导意义。如此看来,现代西方所谓"权变理论",乃是沿袭我们老祖宗的智慧,或者说,两千多年前孟子提出的"权变"思想,仍闪耀着时代光芒。

第五节　选贤任能的惜才用人原则

　　为政之要,唯在得人。孟子身处诸侯纷争、硝烟四起、百家争鸣的战国时代,已经充分认识到尚贤重才、选贤任能的重要性。孟子曰:"贤者在位,能者在职;国家闲暇,及是时,明其政刑。虽大国,必畏之矣。"[①]将重用贤能作为立国兴邦的重要条件。孟子又曰:"尊贤使能,俊杰在位,则天下之士皆悦,而愿立于其朝矣。"[②]为我们描绘了"用一贤人,则群贤毕至"的美好图景。孟子曾对齐宣王说:"所谓故国者,非谓有乔木之谓也,有世臣之谓也。"[③]孟子高瞻远瞩,将世代建立功勋的官宦之家视为国家的鲜明标签。若君王不能选贤任能,其危害是深远的。孟子曰"惟仁者宜在高位。不仁而在高位,是播其恶于众也","不信仁贤,则国空虚"[④],"入则无法家拂士,出则无敌国外患者,国恒亡"[⑤],将选贤任能上升到政废国亡的高度,令人警醒,发人深思。

　　知人善任、选贤任能、广聚英才彰显管理者的大智慧和高境界。孟子曰"舜发于畎亩之中,傅说举于版筑之间,胶鬲举于鱼盐之中,管夷吾举于士,孙叔敖举于海,百里奚举于市"[⑥],为世人增添了在逆境中奋起的动力,从另外的角度讲,也启示领导者选人用人要拓宽视野,"英雄不问出处"。

---

① 《孟子·公孙丑章句上》。
② 《孟子·公孙丑章句上》。
③ 《孟子·梁惠王章句下》。
④ 《孟子·尽心章句下》。
⑤ 《孟子·告子章句下》。
⑥ 《孟子·告子章句下》。

如何才能知人善任呢？孟子曰"左右皆曰贤，未可也；诸大夫皆曰贤，未可也；国人皆曰贤，然后察之；见贤焉，然后用之"①，用今天的话来说，就是"走群众路线"，重视群众的呼声。怎样才能"任能"呢？孟子主张依据社会分工，量才适用各尽其能，"有大人之事，有小人之事。且一人之身，而百工之所为备，如必自为而后用之，是率天下而路也"②，再优秀的人才也不可能事事精通，正所谓"骏马能历险，犁田不如牛。坚车能载重，渡河不如舟"，使用人才应该用其所长，用当其时，力求人尽其才，才尽其用。孟子还曰"中也养不中，才也养不才，故人乐有贤父兄也"③，"天下有道，小德役大德，小贤役大贤"④。孟子认为：懂得道理的人教导不懂道理的人，有本事的人教导没本事的人；因此人们乐意自己有贤能

---

① 《孟子·梁惠王章句下》。
② 《孟子·滕文公章句上》。
③ 《孟子·离娄章句下》。
④ 《孟子·离娄章句上》。

的父兄长辈。天下正道畅行,日常的生活要求就要服从社会伦理道德准则;具小贤者就要服从具大贤者。孟子的意思是：让德才素养高的人影响带动素养相对低的人,发挥人才示范引领作用,尽可能放大人才效应。

孟子曰:"不信仁贤,则国空虚;无礼义,则上下乱;无政事,则财用不足。"①意思是说：不信任仁人、贤人,国家的人才就会匮乏;不讲礼义,那么上下关系就会混乱;没有好的行政管理,国家的财用就会贫乏。国家的政治统治的基本目标是社会安定,民富国强。要达到这一目标就需要有才能的人来治理国家,国家兴亡的关键就在于尊崇人才,重用人才。所以孟子说:"仁则荣,不仁则辱;今恶辱而居不仁,是犹恶湿而居下也。如恶之,莫如贵德而尊士,贤者在位,能者在职;国家闲暇,及是时,明其政刑。虽大国,必畏之矣。"②就是说行仁政者就会获得荣耀,行暴政者就会遭受耻辱;如今有人憎恶耻辱而又不行仁政,就好像是憎恶潮湿又居住在沼泽地一样。如果想摆脱耻辱,没有比重视仁德而尊崇贤士更重要了,使贤明的人有相应的官位,让能干的人担任一定的职务。在国家无内忧外患时,趁此时机,修明政治法典。纵使邻有大国,也必然会畏惧它。反之,如果国君不能贵德尊士,贤者无位,愚者占位,能者无职,庸者在职,这个国家就有失民灭国之危险。所以孟子又说:"尊贤使能,俊杰在位,则天下之士皆悦,而愿立于其朝矣……如此,则无敌于天下。无敌于天下者,天吏也。然而不王者,未之有也。"③说明国君只要尊重有道德的人,使用有能力的人,德才兼备的人都有相应的职位,那么天下德才兼备之人都会高兴,就会愿意在这样的朝廷里供职。如此就能无敌于天下,天下无敌的人,是代表上天管理人民的官员。如此还不能称王天下,那是没有的事。

---

① 《孟子·尽心章句下》。
② 《孟子·公孙丑章句上》。
③ 《孟子·公孙丑章句上》。

孟子倡导的"贤者在位,能者在职"①的用人原则,强调贤德的人应居于掌权的地位,有才干的人应委以重任。识人用人,公允的标准是德才兼备。春秋时齐国贤相管仲曾提出选人用才三原则:"一曰德不当其位,二曰功不当其禄,三曰能不当其官。"②认为选人用人的主要参考因素是:德、功、能,也就是我们今天常说的德、能、勤、绩、廉五项当中的三项。在用人问题上,如果让品德高尚的人处于低位,就是浪费人才;让品德低下的人处于高位,就会误国误事并产生错误的用人导向;无功劳者享受厚禄,有功劳的人就得不到激励;无才能的人委以重任,有才能的人就会被埋没。北宋政治家司马光曾云:"才者,德之资也;德者,才之帅也。"③才能是品德的资本,而品德是统帅才能的。也就是说德与才之间是统帅与被统帅的关系。"才德全尽谓之圣人,才德兼亡谓之愚人,德胜才谓之君子,才胜德谓之小人。……自古昔以来,国之乱臣,家之败子,才有余而德不足,以至于颠覆者多矣。"④司马光认为:德才兼备称之为圣人;无德无才称之为愚人;德胜过才称之为君子;才胜过德称之为小人。自古至今,国家的乱臣奸佞,家族的败家浪子,因为才有余而德不足,导致家国灭亡的多了。告诫统治者,才有余而德不足的小人,在危难时,必然祸乱朝政。荀子亦曰:"用圣臣者王,用功臣者强。"⑤认为用忠于事业、能团结人、亲近百姓、受人信任、能战胜各种困难的人,就能平治天下;用忠于事业、热爱百姓、依法办事、有应变能力的人,就能使国家强大。这与孟子"贤者在位,能者在职"都是一个道理,都是倡导任用德才兼备的人。换句话说,要想有位,必须是品德高尚、学识超群的人;堪当重任者,除了贤德之外,还必须富有智慧,需有水平、有能力、讲究方法。

---

① 《孟子·公孙丑章句上》。
② 黎翔凤:《管子校注》,中华书局,2004年,第59页。
③ 〔宋〕司马光:《资治通鉴》,中华书局,1976年,第14页。
④ 〔宋〕司马光:《资治通鉴》,中华书局,1976年,第14页。
⑤ 张觉:《荀子译注》,上海古籍出版社,1995年,第273页。

第七章 孟子管理智慧

第六节 携众乐乐的多赢管理思维

孟子曰:"古之人与民偕乐,故能乐也。《汤誓》曰:'时日害丧,予及女偕亡。'民欲与之偕亡,虽有台池鸟兽,岂能独乐哉!"① 意思是:古代的君王与民同乐,所以能真正快乐。相反,《尚书·汤誓》说:"你这太阳啊,什么时候毁灭呢?我宁愿与你一起毁灭!"百姓恨不得与你同归于尽,即使你有高台深池、珍禽异兽,难道能独自享受快乐吗?孟子认为:君王施行仁政,与百姓休戚与共,同享欢乐,才是真正的快乐。换言之,与民同乐,是众乐乐,是内外爽透的乐,才会有长久之乐。

孟子曰:"独乐乐,与人乐乐,孰乐乎?"(齐宣王)曰:"不若与人。"曰:"与少乐乐,与众乐乐,孰乐?"曰:"不若与众。"② 这是孟子

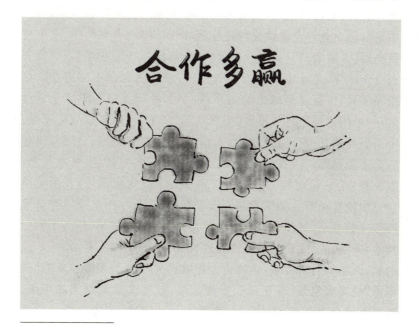

---

① 《孟子·梁惠王章句上》。
② 《孟子·梁惠王章句下》。

与齐宣王的一段对话,孟子问:独自一人欢乐和与他人一起欢乐,哪个更快乐?齐宣王说:与他人一起欢乐更快乐。孟子又问:和少数人一起欢乐和与多数人一起欢乐,哪个更快乐?齐宣王说:与多数人一起欢乐更快乐。孟子在此主要是希望齐宣王能和百姓同乐,若能与百姓同乐那就可以使天下归服。每个人快乐的根源不尽相同,某件事成功了,情感上得到满足,就会感到快乐;得到某样喜欢的东西,也会感到快乐。换言之,一个人的成功与快乐一定与周围的人和事密切关联,不可能凭空而乐。然而,当独自一人享受快乐时,并不能感受到真正的快乐,是因为没有人来分享自己的快乐。没有人分享快乐,是因为别人没有得到某种满足。或者一个人在自己快乐之时,他人正处于痛苦不堪甚至濒临死亡的困境,那么就可能失去成全自己快乐的人和事,就不可长久独自快乐。更有甚者,自己的独乐乐是建立在别人的痛苦之上,是损人利己而乐,那就有可能乐极生悲。企业经营也是如此,如果自己企业与合作伙伴同时盈利,同时发展,大家快乐,笑声就会亮而久,遍而高。如果独自盈利,合作伙伴皆无法维系,就会失去合作伙伴,企业也就难以持久发展,独乐乐也就不复存在。在世界多元化、经济全球化的当今,过去那种闭关锁国思维早已过时,一个国家要想持久发展,必须具有"众乐乐"的多赢战略思维。中国倡导的"一带一路"建设,张扬的是孟子"众乐乐"思想,构建的是多赢思维。由我牵引,暖人心,聚人气,各显特色,各取所需,取长补短,一起前行,共同发展,惠及天下。大家都乐,我的笑声会更加悦耳动听。如果大部分国家都贫穷,分享不到全球经济发展带来的福祉,如果大部分国家坚持锁国,自给自足,那么国家间技术、资金、人才、商品等不能互通有无,优势不能互补,特色不能彰显,既影响自身发展,也将大大影响世界和平与发展。所以"众乐乐"的多赢思维,就是长久发展思维,就是人强我更强的思维,就是有社会责任感、有担当的思维。有此思维,国家定能长盛不衰,也将促进世界和平稳定、繁荣发展。开放、多元、共赢的"一带一路"倡议,将为中国和世界各国共同发展带来巨大机遇,所以习近平主席说"这条路不是某一方的私家小路,而是大家携手前进的阳光大道"①。"一带一路"倡议,闪烁着亚圣思想,展示了中华民族平治天下的胸怀,追求的是互利共赢、泽被天下的宏伟目标。

第七节 以德服人的情感管理模式

以德服人比以武力服人更具有强大的力量。孔子曰:"其身正,不令而行;其身不正,虽令不从。"②意思是:自身正了,即使不发布命令,老百姓也会跟从,自身不正,即使发布命令,老百姓也不会服从。孔子又曰:"道之以政,齐之以刑,民免而无耻。道之以德,齐之以礼,有耻且格。"③孔子认为:用政令来训导,用刑法

---

① 习近平:《在伦敦金融城举行的中英工商峰会上的讲话》,《人民日报》2015年10月22日。
② 《论语·子路》。
③ 《论语·为政》。

来整治,老百姓知道避免犯罪,但并没有产生自觉的廉耻之心。用道德来引导,用礼教来整治,老百姓就会产生自觉的廉耻之心,并且心悦诚服。孔子强调以德服人的威力和效果。对于一个管理者,如果只靠职位权力,只能让人表面服从;只有依靠专业权威和人格魅力,才能获得人们认同,让大家"心悦诚服"。

孟子曰:"以力假仁者霸,霸必有大国;以德行仁者王,王不待大——汤以七十里,文王以百里。以力服人者,非心服也,力不赡也;以德服人者,中心悦而诚服也,如七十子之服孔子也。"①孟子认为:倚仗实力假借仁义的人可以称霸,称霸一定要凭借国力的强大。依靠仁德推行仁政的人可以称王,称王不一定要强大的国力;商汤凭借方圆七十里国土,周文王凭借方圆百里国土就使人心归顺。凭借实力使人服从,并不能使人心服,是因为别人实力不足罢了。依靠仁德使人服从,人家才是心悦而诚服。比如有七十多个弟子诚心诚意归服孔子。孟子虽未明确界定"德"这一概念,但他所说的"德"包含"善"和"仁",应该还包含"智"。孟子认为君主应施行仁政,取得民心,从而可以称王天下。孟子与公孙丑有一段对话:孟子曰:"不仁哉梁惠王也!仁者以其所爱及其所不爱,不仁者以其所不爱及其所爱。"公孙丑曰:"何谓也?""梁惠王以土地之故,糜烂其民而战之,大败,将复之,恐不能胜,故驱其所爱子弟以殉之,是之谓以其所不爱及其所爱也。"②孟子认为梁惠王很不仁爱,他为了扩张土地,不惜让自己的人民粉身碎骨上战场,打了败仗,又准备再战,因此驱使自己所喜爱的子弟去献身,这就将老百姓所不喜爱的推及到他个人所喜爱的上面。这无论如何也不能"服人",更不会赢得百姓爱戴,如此则国将不国,百姓将会择贤君而趋之。所以孟子又曰:"知者无不知也,当务之为急;仁者无不爱也,急亲贤之为务。尧舜之知而不徧(biàn,同'遍')物,急先务也;尧舜之仁不徧爱人,急亲贤也。"③意思是说:

---

① 《孟子·公孙丑章句上》。
② 《孟子·尽心章句下》。
③ 《孟子·尽心章句上》。

有智慧的人总是以当前的急务为先,以建立人与人之间相互亲爱的关系和亲近贤者为要务。尧和舜知晓万物但不能遍及万物,因为他们总是急于当前的重要事务;尧和舜的仁爱不能遍及所有的人,因为他们总是急于亲近贤者。说明尧舜有仁有爱有智,仁爱百姓,以德行天下。故孟子强调:"君子之于物也,爱之而弗仁;于民也,仁之而弗亲。亲亲而仁民,仁民而爱物。"① 要求贤德之人对于万物,爱惜却不建立相互亲爱的关系;对于万民,能建立起相互亲爱的关系却不亲近(不仅仅亲爱自己的亲友)。亲爱亲人进而与百姓建立相互亲爱的关系,与百姓建立相互亲爱的关系进而爱惜万物。

孟子"以德服人"的德性控制法,被现代德性管理理论所发扬。现代管理理论要求管理者必须有"德",其"德"是一个宽泛的概念,至少包含如下几个方面:一是高素养有学识;二是具有仁爱之心;三是尊法律守信用;四是精于管理。一个没有学识没有道德修养的人不可能"服人",一个没有恻隐、羞恶、辞让、是非之心的人不可能"服人",不懂法不守法不讲信用之人不可能"服人",不善经营不懂管理的人不可能"服人"。换言之,现代管理者需具有"优秀品质",才可立于其位,方能"以德服人"。

"以德服人,中心悦而诚服也",孟子认为管理者要"以德服人",不应"以力服人",在管理中提倡多用诚服的方法,反对用压制惩罚的手段。孟子不仅说"以力服人者,非心服也,力不赡也;以德服人者,中心悦而诚服也",又说"善政不如善教之得民也。善政,民畏之;善教,民爱之。善政得民财,善教得民心",还说"爱人者,人恒爱之;敬人者,人恒敬之"。这里言及两种不同的领导方法或曰管理模式:一种是"以力服人",即凭借手中的权力,靠规章制度惩罚等手段,对被管理者实行压服;另一种是"以德服人",即靠领导者的道德力量,人格魅力,通过说服疏导,管理者与被管理者进行感情交流与思想沟通,晓之以理,动之以情,实现诚服。

---

① 《孟子·尽心章句上》。

前者属于西方古典管理模式,后者是孟子早就提出、现代东、西方才兴起的情感管理模式。这种管理模式可以说是以人为本,是重视企业内部和谐等管理理念的进一步具体化。现代许多著名企业家都承认德行感化是实现企业内部和谐,使职工与企业结成命运共同体的重要方式。美国管理学家米契尔·拉伯福在《世界上最伟大的管理原则》中提出的管理原则之一是:"你要得到别人的忠诚和认同,必须先给他人忠诚和认同。""爱你的职工吧,他们也会百倍地爱你的企业。"①所有这些理念同孟子"以德服人"管理理念可谓不谋而合。换言之,现代德性管理理论闪烁着亚圣智慧,是继承和发展了孟子"以德服人"思想,丰富其内涵,更能顺应时代之潮流。

第八节 兼听则明的民主管理理念

广义的民主,即政治上实现人民当家作主,这是创造人民美好生活的政治保障。在中国古代典籍中早就有"民主"之说,如《尚书》云"天惟时求民主"②,《左传》云"赵孟(原名赵鞅)将死矣,其语偷(不实),不似民主"③。但这些"民主"是"民之主"的简称,与我们今天所说的民主意义有别。孟子思想中充满民主理念,孟子只讲仁政,不讲等级出身,一切都必须服从于仁政的最高政治目标,凡是行仁政的都可为王,贵族行仁政就可取国君而代之,国君不行仁政,倒行逆施,残害百姓就是独夫民贼,人人皆可得而诛之。武王伐纣,孟子不认为是大逆不道的弑君,而认为是合乎正义地诛杀一个残暴的独夫,"闻诛一夫纣矣,未闻弑君也"④。"诛"与"弑"一褒一贬,含有特定的、鲜明的政治道德含义。臣下无理

---

① [美]米切尔·拉伯夫:《世界上最伟大的管理原则》,科学技术文献出版社,1989年,第66页。
② 李学勤主编:《尚书正义》,北京大学出版社,1999年,第458页。
③ 李学勤主编:《春秋左传正义》,北京大学出版社,1999年,第1124页。
④ 《孟子·梁惠王章句下》。

地杀害君主,儿女杀害父母等视为"弑",合乎正义地杀死罪犯则为"诛"。按身份,周是商的诸侯国,周武王还是商纣王的臣属,但周武王杀掉商纣王,孟子却认为不是"弑君",明确地指出这不过是除掉了一个独夫民贼罢了。这种立场和解释在孔圣人那里是不可想象、不能接受的,而孟子却认为是天经地义的。故在中国政治思想史上,孟子第一个从根本上颠覆了帝王专制时代忠君不贰的政治要求,"君要臣死,臣不敢不死"、"君王圣明,臣罪当诛"的奴才政治逻辑在孟子这里是根本行不通的。作为思想家的孟子,他对民主最大的贡献不仅是提出了"民贵君轻"的命题,同时还制定了民主的政治原则来保证老百姓的权力和利益。关于民主的原则,孟子与齐宣王有一对话:孟子曰:"所谓故国者,非谓有乔木之谓也,有世臣之谓也。王无亲臣矣,昔者所进,今日不知其亡也。"王曰:"吾何以识其不才而舍之?"曰:"国君进贤,如不得已,将使卑逾尊,疏逾戚,可不慎与?左右皆曰贤,未可也;诸大夫皆曰贤,未可也;国人皆曰贤,然后察之;见贤焉,然后用之。左右皆曰不可,勿听;诸大夫皆曰不可,勿听;国人皆曰不可,然后察之;见不可焉,然后去之。左右皆曰可杀,勿听;诸大夫皆曰可杀,勿听;国人皆曰可杀,然后察之;见可杀焉,然后杀之。故曰,国人杀之也。如此,然后可以为民父母。"①孟子对齐宣王说:我们平时所说"故国",并不是指那个国家有高大的树木,而是指有世代建立功勋的大臣。可大王您现在却没有亲信的大臣了,过去所任用的大臣,现在也不知为什么离去。齐宣王问:我应该怎样识别那些缺乏才干的人而不用他们呢?孟子答道:国君选拔贤能,如果非用不可,甚至会把原本地位低的人提拔到地位高的人之上,把原本关系疏远的提拔到关系亲近的人之上,这一定要谨慎行事。因此,左右亲信都说某人好,不可确信;众大夫都说某人好,还是不能确信;全国的人都说某人好,然后去考察他,发现他果然是贤才,然后再任用他。左右亲信都说某人不好,不可确信;众位

---

① 《孟子·梁惠王章句下》。

大夫都说某人不好,还是不可确信;全国的人都说某人不好,然后去考察他,发现他真的不好,然后再罢免他。左右亲信都说某人该杀,不可确信;众位大夫都说某人该杀,还是不可确信;全国的人都说某人该杀,然后去考察他,发现他真的该杀,然后再杀他。所以说是全国人杀的他。能这样做,才可以做老百姓的父母官。孟子在此至少明确三个问题:一是所谓"故国",是指有故臣在怀念曾经立于朝且建立功勋的国家,可大王您现在却没有亲信的大臣了,过去所任用的大臣,现在也不知为什么离去,在他们心目中已经没有"故国"了;二是齐宣王没有选贤任能,没有任人唯贤,而是任人唯亲;三是在提拔任用、解除职权、杀人判刑要务上,无法可依,无章可循,只是听信左右亲信和众位大夫之言,没有广泛听取国人之意见,老百姓就不认原先的父母官了。后来我国长期流行的"父母官"的说法,大概就是从这里来的。孟子在这里列举了三种情况:可用、不可用、可杀的判断,依据就是"国人"的意见,"国人"在此就是孟子常说的民,即老百姓。在此孟子强调的就是

要遵从民意的价值取向,也就是我们今天所说的民主管理理念。

有学者认为中国传统有民主精神无民主制度。孟子关于民主原则的看法,实际上就是国家大事归根结底应该由全体人民说了算,这是典型的民主精神。与孟子同时代的古希腊,存在着城邦民主的政治制度,但缺乏民主精神,因为希腊的这种民主制度明确剥夺女性和奴隶的民主权利,民主只能是城邦中少数自由人范围内的民主,那是不彻底的民主,或曰伪民主。孟子提出的民主原则显然更彻底、更具有普世价值。作为思想家的孟子,其倡导的民主的原则、民主的精神,是后世民主制度建设的思想源泉和理论依据。

孟子管理思想中,人性本善的理论依据、人际和谐的理想境界、义利统一的价值追求、执中用权的管理方法、选贤任能的用人原则、携众乐乐的多赢思维、以德服人的德性控制、兼听则明的民主理念,极具个性,充分展示了孟子的管理智慧,对当今管理仍富有指导意义。

第八章　孟子人生智慧

《孟子》中闪耀着丰富的人生智慧,从存心养性到立志养气,从反求诸己到知耻改过,从磨炼意志到责任担当,鞭辟入里,感人肺腑,提高学识,启迪人生。

第一节　存 心 养 性

孟子的修身之道源于孟子"性善论"。基于"性善"说,孟子提出了关于道德的准则以及衡量道德的标准。孟子认为仁义礼智的道德观念,是人的本性所固有,是天赋的。所以修身的关键在于保存和扩充一个人与生俱来的善端,而不让它因外物引诱而丧失掉。由此孟子提出了"存心养性"的修身方法:一是不为外界物欲引诱而"放其心";二是进行内心的修炼,即孟子所言"吾善养吾浩然之气"。

孟子曰:"尽其心者,知其性也。知其性,则知天矣。存其心,养其性,所以事天也。殀寿不贰,修身以俟之,所以立命也。"[①]孟子说:人如果能充分扩充善良的本心,就是懂得了人的本性。懂得了人的本性,就懂得天命了。保存人的本心,培养人的本性,就可以侍奉天了。短命或长寿都不能动摇自己的善心,修养自身以等待天命,这就是安身立命的方法。孟子指出发挥心的作用,认识人固有的善性,从而就能认识天命了,存心养性以顺应天道,修养身心就能安身立命。孟子的意思是:一个人若能不以夭或寿而改变其应有之常度,而尽量使自己居仁由义,以仁、义、礼、智之

---

① 《孟子·尽心章句上》。

第八章 孟子人生智慧

本心行于事,至于那非自己所能掌控的偶发之事,或那必然要来临的病患死亡,则不必多虑,只需修身以待,就能真正尽心、知性、知天。"尽心"之尽是充分体现之意,所尽之心即是仁、义、礼、智之本心。孟子以四心言性善,此性乃人之异于犬马之本然之性,亦即道德之性。此中"尽"字重,"知"字轻,"知"是在"尽"中"知",此亦可以说是实践的"知"。人若能如此以"尽"而"知",就知道了天之所以为天。孟子曰:"万物皆备于我矣。反身而诚,乐莫大焉。强恕而行,求仁莫近焉。"①孟子说:我具备了一切行善的条件,只要反身求诚,就是最大的乐事。努力去行宽仁之道,所求仁德就离自己很近了。尽心、知性、知天是主动积极的工夫,存心、养性、事天是被动消极的工夫,但都是可以践行的,而且每一个人都必须践行,圣人亦须如此。存心之"存"即是孟子所云"操则存,舍则亡"②之存;也就是说把握住就能存留,舍弃就会消失。养性

---

① 《孟子·尽心章句上》。
② 《孟子·告子章句上》。

之"养"即是孟子所说"苟得其养,无物不长;苟失其养,无物不消"①之养,是说如果得到一定的滋养,没有什么事物不生长不发展;如果失去滋养,没有什么事物不消亡的。"存其心"即是操存人的仁、义、礼、智之本心不让其放失。"养其性"即是保养人的异于犬马的本然之性,而不使之被戕害。本有的天性亦须操存保养,才能真实不断地呈现。因为人是有感性的存在,其天性常易因感性之逐物而被蒙蔽,所以需时时警觉而不使之消亡。孟子说"存其心,养其性",意思是保存赤子之心,修养善良之性。这是孟子倡导的修养方法。孟子性善论把存心、求放心当作教育的任务和个体修养的内容。"仁,人心也;义,人路也。舍其路而弗由,放其心而不知求,哀哉!人有鸡犬放,则知求之;有放心而不知求。学问之道无他,求其放心而已矣。"②意思是说:仁,是人的善心;义,是人的正路;舍弃正路不走,丧失善心而不知道去找,太悲哀了!家里的鸡犬丢失了,尚且知道去找;可是丧失了善心却不知去找。学问之道没有别的,只是找回丧失的善心罢了。孟子强调人只要能保持善心,或及时找回丢失的善心,那就可以行走在正道上。"养心莫善于寡欲。其为人也寡欲,虽有不存焉者,寡矣;其为人也多欲,虽有存焉者,寡矣。"③修养心性的最好方法是减少物质欲望。一个人如果欲望少,即使善心有所丢失,也不会丢失很多。一个人如果欲望很多,即使有些善心还存在,也不会存留很多,更不会存留很久。这是因为心是善之本,也是人体之"大官"。"心之官则思"④,存心才能获得对善的理性自觉。人欲则缘于耳、目、口、鼻、舌等感觉器官。人的感觉器官属"小官",没有理性,不能辨别是非,只追求享乐,一遇外物易被引向迷途,成为存心的障碍。孟子主张存心寡欲,提出道德修养必须正确对待物质欲望。要求人们更多地追求高尚的精神生活,不要贪图物质生活

---

① 《孟子·告子章句上》。
② 《孟子·告子章句上》。
③ 《孟子·尽心章句下》。
④ 《孟子·告子章句上》。

享受,物质享受方面的欲望多了,将阻碍"尽心",妨碍"养性",将大大影响精神境界的提高。孟子认为:人本善之心的丧失,全在于外界物欲的引诱,所以存心养性首先从减少物欲、节制欲望开始。但寡欲并不等于禁欲或绝欲,意在合理节制欲望,以保证身心健康发展。对于合理的正当的物质欲望,孟子从来都是予以肯定的,并认为必要的物质条件是养成道德的基础和前提。孟子曰:"无恒产而有恒心者,惟士为能。若民,则无恒产,因无恒心。苟无恒心,放辟邪侈,无不为已。"①孟子所言,与"衣食足而知荣辱,仓廪实而知礼节"异曲同工,认识到物质欲望的适当满足对"使民为善"的重要作用。孟子的养心和"求其放心"构成了他存心学说的主要内容。所谓"养心"也就是"不动心",孟子自谓"四十不动心",即不为世俗的功名利禄和物欲所惑。"不动心"有道:一是"不失其赤子之心"②,此心是纯真无邪的,未被任何恶污染的;二是居于仁,立于礼,行于义,自然就能做到"富贵不能淫,贫贱不能移,威武不能屈",至大至刚,无所畏惧,特立独行,矢志不移,此乃"养心"之最高境界。

第二节　立　志　养　气

孟子认为一个人必须立志。齐国王子垫问孟子:"士何事?"孟子曰:"尚志。"曰:"何谓尚志?"曰:"仁义而已矣。杀一无罪,非仁也;非其有而取之,非义也。居恶在? 仁是也;路恶在? 义是也。居仁由义,大人之事备矣。"③王子垫问:读书人首要的事是什么? 孟子说:崇尚志向。王子垫又问:如何崇尚志向呢? 孟子说:建立与人相互亲爱的关系及选择最佳行为方式而已。如果杀一个无罪的人就不是与人相互亲爱,拿不属于自己的东西就不是最佳行为方式。一个人应该处在什么地位? 应该处在与人相互

---

① 《孟子·梁惠王章句上》。
② 《孟子·离娄章句下》。
③ 《孟子·尽心章句上》。

亲爱中;应该走在什么道路上?应该走在最佳行为方式的道路上。处在与人相互亲爱中并选择最佳行为方式,做德行高尚、志趣高远的人的条件也就具备了。孟子要求贤者要树立远大的理想和宏伟目标,对社会发展要尽自己的义务。孟子提出"立志养气"说,说明立志乃有为之根本,一切围绕志向而展开,立志就是要志向高远,有理想有追求。但仅仅立志还不够,还需养气,养浩然之气。志与气的概念为孟子最先提出。"志"是指发于内心的志向、理想,"气"则指生于形体的情感、欲望,二者之间是相互作用的关系,孟子提出了影响深远的"浩然之气"的概念。他强调,从社会国家的教化到个体的修养,目标都在于提高人的精神境界和培养人的道德情操,即养"浩然之气"。"浩然之气"由于与"义与道"相配,是一种崇高的精神境界,是志、气和合的最佳结晶,所以孟子提出了"集义"的养气之方,集义而成"气"。由道义集成起来的浩然之气,对人生和民族的意义是巨大的。人若确立了这样的精神境界,就不会被外在的物欲所左右,不会被武力、权势所胁

第八章 孟子人生智慧

迫。得意时,能够恩泽于民;不得意时,也能笃守正道洁身自好。孟子为此提出了"富贵不能淫,贫贱不能移,威武不能屈"[1]的"大丈夫"标准。之所以能如此,在于浩然之气至大至刚、塞于天地之间,也就必然使人身心充溢着正能量,"仰不愧于天,俯不怍于人"[2]。这种不淫、不移、不屈作为崇高气节的精神力量,高于人的生物体的价值,它的最高表现形式就是舍生取义。就是孟子所说:鱼和熊掌都是人爱享用的美味佳肴,但当二者不可得兼时,能舍轻而取重,舍鱼而取熊掌。所以人们的一般行为都是趋生而避死,追求生命的快乐和躲避死亡的来临。之所以有不躲避死亡的情形,是因为道义的价值已经重过生命,故在二者不可得兼时便选择了道义。即便是饥饿濒临死亡的人,如果在人格遭受侮辱的前提下被施以饮食,也是不会屈辱接受的。北宋思想家张载还提出"为天地立志"的主张。为天地立志的基点,是在处理好个人志与气的关系的基础上,将个人的生命融入整个民族和国家的命运之中,肩负起兴国保民的历史重任。中华民族精神正是因为以这样的"志气"为内核,才能几千年一贯而维系着民族生生不息。孟子强调立志,志行高远。明确"居仁由义,大人之事备矣"[3],认为具有仁义理想的人,有一种高尚的精神力量,能把生死、荣辱、苦乐置之度外。"生亦我所欲也,义亦我所欲也;二者不可得兼,舍生而取义者也。"[4]"富贵不能淫,贫贱不能移,威武不能屈,此之谓大丈夫。"[5]这是高尚品质、人格、气节的铸造,这些话已成为传世格言;中国历史上无数英雄豪杰无不蒙其教益,在今天仍有其时代意义。孟子把立志与养气联系起来,说"我善养吾浩然之气"。什么是"浩然之气"?"其为气也,至大至刚,以直养而无害,则塞于天地之间。其为气也,配义与道;无是,馁(něi,没有勇气)也。

---

[1] 《孟子·滕文公章句下》。
[2] 《孟子·尽心章句上》。
[3] 《孟子·尽心章句上》。
[4] 《孟子·告子章句上》。
[5] 《孟子·滕文公章句下》。

是集义所生者,非义袭(一时、突然的)而取之也。"① 显然,浩然之气是在精神上压倒一切的凛然正气。这种气在古今许多仁人志士、英雄人物身上确实存在着,这种精神力量,是靠理性把握道与义才能达到的。怎样培养"浩然之气"呢? 一是"直养而无害"。即用明智的、正确的理念去培养且不加以损害。"直"就是符合正义的思想观念。二是"集义所生"。即坚持用正义去培养和积累。孟子还说"浩然之气""非义袭而取之也","行有不慊于心,则馁矣"②。即正义行为不是偶然、突如其来的,是长期正义所孕育;只要做了一件有愧于心的事,它就会贫乏。孟子所说的"浩然之气",是一种十分高超的精神境界,这种高超包括高尚和高明两个方面。所谓高尚,即有高尚的道德情操和美好的人格修养,言行皆为利他。所谓高明,即洞察宇宙万物的规律及其运动变化,言行顺应客观规律。高尚来自"义",高明来自"道",高尚而高明,则无所不知,无所不当。因此,孟子只说"以直养而无害",就可使"浩然之气""塞于天地"。"无害"不但包含无害于"直养",也包含无害于"集义"。"直养"强调学识修养,"集义"强调道德修养;学识修养使人高明,道德修养使人高尚。学识修养和道德修养是相互包含,相互作用,相互促进的。学识修养使人明辨是非、美丑、善恶,有助于道德修养;道德修养不仅包含对社会、人生的认知,体现于学识修养,而且能摒弃私心、杂念、偏见,使人更好地认识社会和人生,激发人提高学识修养的积极性和主动性。同时"浩然之气"需要持久不懈地修养和锻炼,孟子说:"必有事焉,而勿正,心勿忘,勿助长也。"③即要持久不懈地以正义来培养正气,时刻不忘养气,既不能中断,也不能心浮气躁,急于求成。"浩然之气"需要经过正义行为的不断积累才能产生,而非一时一事所能成就的,说明这种修养的艰巨性和长期性,所以孟子倡导立志养气。

---

① 《孟子·公孙丑章句上》。
② 《孟子·公孙丑章句上》。
③ 《孟子·公孙丑章句上》。

第三节 反求诸己

何谓"反求诸己"？许慎《说文解字》曰："反，覆也。"段玉裁注："从又必有覆之者。"①《说文解字》："己，中宫也，象万物辟藏诎形也。"②孟子"反求诸己"更多地强调"自心"、"本心"，因此"反求诸己"可以解释为：返回本心，寻找原因。在处理人际关系问题上，孔子曰："君子求诸己，小人求诸人。"③孟子根据孔子"君子求诸己"的要求，提出"反求诸己"原则。《孟子》曰："孔子曰：'里仁为美。择不处仁，焉得智？'夫仁，天之尊爵也，人之安宅也。莫之御而不仁，是不智也。不仁、不智、无礼、无义，人役也。人役而耻为役，由弓人而耻为弓，矢人而耻为矢也。如耻之，莫如为仁。仁

---

① 〔清〕段玉裁：《说文解字注》，上海古籍出版社，1988年，第741页。
② 〔清〕段玉裁：《说文解字注》，上海古籍出版社，1988年，第116页。
③ 《论语·卫灵公》。

者如射：射者正己而后发；发而不中，不怨胜己者，反求诸己而已矣。"①孔子说：居住在有仁厚风气的地方才好。选择住处而不迷在有仁厚风气的地方，怎么能说是明智呢？仁，是上天尊贵的爵位，人间最安逸的住宅。没有人阻挡却不选择仁，是不明智。不仁不智，无礼无义的人，只配被别人驱使。被别人驱使而引以为耻，就像做了造弓的人却又以造弓为耻，做了造箭的人却又以造箭为耻一样。如果真正引以为耻，那就不如好好行仁。有仁德的人就像射手：射手先端正自己的姿势然后才放箭；如果没有射中，不怪比自己射得好的人，而是反过来找自己的原因。孔子认为君子的行为体现在礼、乐、射、御、书、数的方方面面，要时刻严格要求自己。"君子无所争，必也射乎！揖让而升，下而饮。其争也君子。"②君子没有什么可与别人争的事情。如果有的话，那就是射箭比赛了。比赛时，先相互作揖谦让，然后上场。射完后，又相互作揖再退下来，然后登堂喝酒。这就是君子之争。孟子所谓"仁者如射：射者正己而后发；发而不中，不怨胜己者，反求诸己而已矣"，认为有仁德的人就像射手，射手先端正自己的姿势然后才放箭；如果没有射中，不埋怨那些胜过自己的人，而是要反躬自问有何不足。从个人修养角度说，是严以律己，宽以待人，凡事多作自我批评，也就是孔子所说的"躬自厚，而薄责于人，则远怨矣"③。多责备自己而少责备别人，那就可以避免别人的怨恨了。孟子强调从自身做起，从身边事做起，常将行事与个人品质紧紧连在一起，进行自我反省、自我批评。孟子发展了孔子的"反求诸己"思想，以射喻为仁不得其报，当反责己之仁恩有所未至也，不怨胜己者。王阳明也说："君子之于射也，内志正，外体直，持弓矢审固，而后可以言中。故古者射以观德。德也者，得之于其心也。君子之学，求以得之于其心，故君子之于射，以存其心也。"④古代圣贤

---

① 《孟子·公孙丑章句上》。
② 《论语·八佾》。
③ 《论语·卫灵公》。
④ 〔明〕王阳明：《王文成公全书》，中华书局，2015年，第298页。

第八章 孟子人生智慧

根据射箭时的仪态和比赛结束后人们的不同反应,以此区分君子和小人。"君子贵人而贱己,先人而后己。"①君子尊重别人而把自己看得很轻,凡事先考虑别人,最后考虑自己。与君子相对的小人则是贵己而贱人,君子先思己过,小人则责怪别人,为自己开脱。反求诸己是儒家内圣之学的紧要处,道德愈深的人,愈具有反躬内省的工夫,说明"反求诸己"体现修身工夫。孟子的"反求诸己"也就是"自反",就是要反省自己的良心本心,察觉良心本心的唯一方法就是切身反思,体悟良知。孟子批评那些不讲仁义的人是"弗思耳矣","弗思甚也"。说明不讲仁义的人是不善于思考、缺乏思想的人。如果人不切身自反,原来具有的良心本心也会丢失。

如何反求诸己呢?孟子曰:"爱人不亲,反其仁;治人不治,反其智;礼人不答,反其敬——行有不得者皆反求诸己,其身正而天下归之。诗云:'永言配命,自求多福。'"②孟子说:爱别人却得不到别人的亲近,那就应反问自己的仁爱是否足够;管理别人却不能够管理好,那就应反问自己的管理才智是否足够;礼貌待人却得不到别人的回应,那就应反问自己的礼貌是否合适且一如既往。换言之,凡是行为得不到预期的效果,都应该反过来检查自己,自身行为端正了,天下的人自然就会归服。《诗经》说:"常思虑自己的行为是否合乎天理,以求美好的幸福生活。"孟子认为,能反求诸己,确实以仁爱、礼貌待人,一般来说是会得到相应的回报的;而一再反躬自求,确实相信自己没有不足,这时如对方仍以"横道"待我,那就只好把他看作禽兽,因为禽兽不懂仁义,没有礼智,故对禽兽则不必计较。这种严己宽人的风格,已经成为中华民族的传统美德,需要加以弘扬。孟子还说"祸福无不自己求之者"③,一个人要"自求多福",不可"自作孽"。孟子反复指出人不可自戕自侮、自暴自弃。"夫人必自侮,然后人侮之。……自暴

---

① 李学勤主编:《礼记正义》,北京大学出版社,1999 年,第 1405 页。
② 《孟子·离娄章句上》。
③ 《孟子·公孙丑章句上》。

者,不可与有言也;自弃者,不可与有为也。"①一个人必然是自己招致侮辱,人家才来侮辱他。自己戕害自己的人,跟他没什么可说的;自己抛弃自己的人,不可能同他有所作为。这些话洋溢着乐观进取精神,对于认识人的主体作用,发挥主观能动性是有积极意义的。孟子"反求诸己"学说,为君子提供了一个通向"仁"的路径。孟子曰:"仁,人心也;义,人路也。舍其路而弗由,放其心而不知求,哀哉!人有鸡犬放,则知求之;有放心而不知求。学问之道无他,求其放心而已矣。"②就是通过"反求诸己"的方法,以仁义为准绳,把散失的"良心"重新找回来。孟子通过"反求诸己"的修身之道,追求其"浩然之气"的理想人格。孟子的"反求诸己"凸显人的主体性,凡事先思己过,张扬了君子的道德情怀。孟子"反求诸己"的思想融入中华民族的精神品格中,塑造了中华民族"静时常思己过,闲事莫论人非"的美好品质,有其现实意义和价值。

第四节　知　耻　改　过

所谓"耻",就是被人所不齿的言论或行为。孟子说:"人不可以无耻。"③意思是说人不能不知耻。春秋时政治家管仲曾提出立国有四大纲,即礼、义、廉、耻,"耻"居其一。对个人而言,知耻,才能明辨是非,才能有所为有所不为。知耻,是指羞耻心,即羞于做坏事的羞恶之心,它是人们内心善恶荣辱的标准,它要求人们做事要守仁义,谨言慎行,辨知荣辱。知耻,能保持操守,约束言行;知耻,能反省自身,知错就改。所以,在中国古代思想家那里,知耻是关乎个人人格节操的大事,是伸张国家民族大义的要事。孟子说:"无羞恶之心,非人也。"④是说羞恶之心人皆有之,无羞耻之心便失去了做人的基础和前提。正因为如此,自人类之始,就耻于与禽兽

---

① 《孟子·离娄章句上》。
② 《孟子·告子章句上》。
③ 《孟子·尽心章句上》。
④ 《孟子·公孙丑章句上》。

为伍,耻于赤身裸体。对于人类来说,如果不知耻,现在的人类仍混同于山野走兽;对于个人来说,如果不知耻,必然会被知耻的人群和社会所抛弃,因此"人不可以无耻,无耻之耻,无耻也"①。人不可以没有羞耻,不知羞耻的那种羞耻,真是不知羞耻了!因此,知耻是做人的标准,是社会得以存在和发展的基础性道德规范。

知耻,首先要"明善",明白什么是"善",什么是"是",什么是"荣";只有如此,才能耻所当耻,不至于以耻为荣。其次是应该明白什么应该耻。树立正确的是非、善恶、荣辱观是知耻的前提。知耻心的培养是一个道德认知的过程,从个人来说,一个丧失自尊心的人是难以知耻的,一个不明是非、善恶、荣辱的人是难以知耻的。陆九渊曾言:"人唯知所贵,然后知所耻。"②意思是:人只有知道什么应该尊重,然后才知道什么是耻辱。也就是说人只有知道羞耻才能上进,而知识越多,学问越广博、越深刻,见识也就越多越明晰,然后才知什么是耻,而知耻方能改过。孔子希望"过则勿惮(dàn,畏惧)改"③,孟子推崇"闻过则喜"、"闻善言则拜",并将孔子"过则勿惮改"发展为"知耻改过"。

知耻,也就是知道羞愧和荣辱。知耻是自尊的重要表现。唯有知耻,才有自尊。它是一个正常人所具有的最基本的道德认知。孟子认为:在道德修养上知耻与否关系重大,因为"羞恶之心,义之端也"④,这种道德感体现着人性的尊严,是社会正义的心理基础。禽兽没有羞耻感,完全依赖本能而生存。也正是在这个意义上,孟子提出"无羞恶之心,非人也"⑤,把这种道德感看成是人与禽兽相区别的重要标志。知耻对于人来说是极其重要的,清代思想家康有为曾云"人之有所不为,皆赖有耻心"⑥,也是说凡为善之心,皆起于人的正确的荣辱观念;凡为恶之念,皆起于人羞耻

---

① 《孟子·尽心章句上》。
② 〔宋〕陆九渊:《陆九渊集》,中华书局,1980年,第375页。
③ 《论语·学而》。
④ 《孟子·公孙丑章句上》。
⑤ 《孟子·公孙丑章句上》。
⑥ 〔清〕康有为:《孟子微》,中华书局,1987年,第123页。

感的丧失。明末清初的杰出思想家顾炎武云:"不耻则无所不为。人而如此,则祸败乱亡,亦无所不至。"①大凡不知羞耻的人,没有什么事不做,如此则祸乱败亡也会随时而至。不仅个人的文明生活与人的知耻之心联系在一起,一个社会的治乱也总是与人们的知耻之心联系在一起的。《孟子》曰:"恶似而非者:恶莠,恐其乱苗也;恶佞,恐其乱义也;恶利口,恐其乱信也;恶郑声,恐其乱乐也;恶紫,恐其乱朱也;恶乡原,恐其乱德也。君子反经而已矣。经正,则庶民兴;庶民兴,斯无邪慝矣。"②意指:君子应羞耻于似是而非的人,羞耻于莠草,害怕它们混淆了真正的禾苗;羞耻于巧言令色的人,害怕他们混淆了真正的正义;羞耻于尖酸刻薄巧言善辩的人,害怕他们混淆了真正的诚信;也羞耻于那郑国的淫乐,害怕搅乱了真正的雅乐。羞耻于那紫色,害怕它抢夺了朱红色的地位;也羞耻于老好人,害怕他们戕害道德。君子只要使一切回

---

① 〔清〕顾炎武:《日知录》,甘肃民族出版社,1997年,第605页。
② 《孟子·尽心章句下》。

到正道上就行了。正道不被歪曲,那么百姓就会奋发向上,百姓奋发向上,就不会有邪恶了。孟子在此强调:若人人能知耻,则正义流行;人人能改过,邪恶则停止。因此,历史上圣贤立身,强调知耻改过;政治家治国,重视人心的治理。古人所谓"人心正则国治,人心邪则国乱",其中确实包含有深刻的道理。知耻才能找回并发扬善端,才能改过迁善。孟子主张要像子路那样"闻过则喜",像大禹那样"闻善言则拜"。它多方阐发孔子"过则勿惮改"思想;又进一步提出"与人为善"的要求。孟子说:"大舜有大焉,善与人同,舍己从人,乐取于人以为善。……取诸人以为善,是与人为善者也。故君子莫大乎与人为善。"[①]"与人为善"首先要做到有过改过,无过也乐于学习别人长处;进而要"善与人同",改自己之"过",思与贤人"齐",崇他人之善,然后自己亦能为善矣。国无德不兴,人无德不立。知耻改过,对个人是品德修养,融入社会生活,是弘扬家庭美德、职业道德、社会公德,是维系社会正常生活和良好风尚的丰厚滋养,也是关乎国家风清气正、兴旺发达、社会和谐的道德保障。

第五节 磨炼意志

何谓意志?意,心理活动的一种状态;志,对目的方向的坚信、坚持。意志,即对实现目的有方向、有信念地坚持的一种心理活动。孟子说"生于忧患而死于安乐也"[②],说明意志磨炼的意义。有了磨炼,沙砾才能变成绚丽夺目的珍珠;有了磨炼,矿石才能变成价值连城的钻石;有了磨炼,古今中外的仁人志士才得以成功。越王勾践被迫臣服于吴以后,力图报复。为了磨砺意志,不忘屈辱,他"悬胆于户,出入尝之",在门上挂着苦胆,进出都尝一尝,保持苦味在口中不消失。又"目卧则攻之以蓼,足寒则攻之以水",

---

① 《孟子·公孙丑章句上》。
② 《孟子·告子章句下》。

当眼睛累了,就用苦菜刺激眼睛,不让自己休息;脚冷了,就用冷水泡脚,让自己清醒,刺激自己不忘亡国之恨。以此激励自己不忘复兴大事。经过勾践的发奋努力,越国终于从失败中重新崛起。公元前473年,勾践大举攻吴,击败吴军。此后,勾践称霸于诸侯。汉代司马迁遭受宫刑,忍受屈辱著出"史家之绝唱,无韵之离骚"的《史记》,若不是此等磨炼,或许司马迁只不过是一个名不见经传的小官罢了。霍金经受着轮椅上的磨炼,使他意志坚强,智慧超群,从而为人类开辟了一片新的星空,成为当代世界著名物理学家、宇宙学家、数学家。人生需要磨练,磨炼能激励人前行。孟子在道德教育和修养方面非常重视意志的磨炼。它有一段名言:"天将降大任于斯人也,必先苦其心志,劳其筋骨,饿其体肤,空乏其身,行拂乱其所为(行为失控,使人做事颠三倒四),所以动心忍性,曾益其所不能。"① 在这里,孟子没有讲"良知"、"良

---

① 《孟子·告子章句下》。

第八章 孟子人生智慧

能",而是强调人自觉地刻苦磨炼的重要意义,承认"天"并不能代替环境的磨砺而使人增益其才能,只有加强意志磨炼,"曾益其所不能",方可担当"大任"。人的行为基本是有意识、有目的的行动,在从事各种实践活动时,通常总是根据对客观规律的认识,先在头脑里确定行动的目标,然后根据目标选择恰当的方法,坚定而有层次、有次序地开展行动,最后实现预设的目标。在此过程中,可能会遇到各种各样的困难,需要坚强意志的支撑,方可实现预定目标。传说在历山耕地的舜被尧起用而发迹,傅说(商代奴隶出生的宰相,辅佐殷商高宗武丁安邦治国)在筑墙劳役中被提拔出来,胶鬲(原为纣王大夫,遭商纣之乱,隐遁经商,贩卖鱼盐,后周文王把他举荐给商纣王,作为周文王内应,为周灭纣立下汗马功劳)在贩卖鱼盐的市场被发现,管夷吾(即管仲,当年齐桓公和公子纠争夺君位,公子纠失败后,管仲随他一起逃到鲁国,齐桓公知道他贤能,所以要求鲁君杀死公子纠,而把管仲押回自己处理。鲁君于是派狱囚管理者押管仲回国,结果齐桓公用管仲为宰相)从狱官手下被解救,孙叔敖(楚庄王时的国相,被后世视作列国名相)从海边隐居地被选拔出来,百里奚(秦穆公用五张黑羊皮从市井之中换回的一代名相)被从奴隶市场里赎买回来并被起用。说明命运的挫折,身心的磨难,不但没有使他们屈服,反而磨砺了他们的意志,增长了他们的才干,使他们变得更加成熟,最终成为历史上的杰出人物。若他们没有坚强的意志品质,也就不会被发现,更不可能有大作为。所以,上天要让某个人担负重任,必定先要磨练他的心志,劳累他的筋骨,饥饿他的肚腹,穷困疲乏他的身体,让他一切总不能如意,这样来激励他的心志,使他性情坚忍,增长他所不具备的能力。如此方可坚韧不屈。一个人要想成就大事,一定要经历许多艰难困苦的磨炼,只有经历风雨,吃常人不能吃的苦,受常人不能受的难,才能锻炼意志,增长才干,担当大任。安逸享乐,在温室里成长,则无法养成克服困难、摆脱逆境的能力,会在困难面前束手无策,遭遇挫折就会消沉绝望,往往颓废而一蹶不振。孟子还说:"人恒过,然后能改;困于心,衡于虑,而后作;征于色,发于声,而后喻。"①意思是说:人经常有过错,才能够改正。心灵被困,思虑被塞,而后才有所作为。表现在脸上,发出声音,然后才能让人明白。孟子在此主要想说明一个道理:在现实生活中,人不可能无过,有过能改,就可再"生"。能改是一种精神境界,能改不仅指人在道德品质上复归仁、义、礼、智、信的要求,还指人对客观世界的认识水平、创造能力得到了提升与发挥。一个"能"字是人的愿望、决心与主观能动性的体现。人的一生常常会遇到主观愿望与客观世界矛盾的时候,人会因为主观学识、品行、才能与客观环境的不适应而忧心忡忡,内心充满苦恼压抑与困惑,思虑也会阻塞不畅。"能"意味着人正是在忧患困境中,磨练了意志,提高了学识,超越了自我,然后奋发才会有所作为。人是充满感情的动物,客观世界常常引起人们喜、怒、哀、乐、好、恶、忧、惧等情感,人常常被这些情感所困扰。表露在脸色上和语言中,然后得到别人的同情与理解。而在这种与困苦的抗争过程中,自己能找到再"生"的方式与途径,坚定再"生"的信心,磨炼再"生"的意志,认识再"生"的价值。人们常言"艰苦磨练人的意志"、"意志在于磨练"、"成功在于坚持",都是彰显意志磨炼的人生价值和社会意义。

第六节　独善其身　兼善天下

《史记》云:孔子曾问礼于老子,老子告曰:"君子得其时则驾,不得其时则蓬累而行。"②意思是:君子时运来了就驾着车出去做官,生不逢时,就像蓬草一样随风飘转。道家重视"德"的修持积累,无德不成仙,因此"济物利人"、"扶危济困"等成为道家奉行的伦理道德。道家也秉持造福苍生理念,是谓"得其时则驾",也就是有机会有需要、同时自己又有智慧、有能力、有条件,就可以为

---

① 《孟子·告子章句下》。
② 〔汉〕司马迁:《史记·老子韩非列传》,载《二十四史》简体字本,中华书局,2000年,第1702页。

第八章 孟子人生智慧

黎民做些功德善举,为百姓谋些福祉。若没机遇,或自身不具备条件,则应自我完善身心,是谓"不得时则蓬累而行"。道家强调不管是"得其时"还是"不得其时",都要顺应自然,随机而行。道家理念中似乎缺少一点担当意识和责任感。

《周易》曰:"'潜龙勿用',阳在下也。'见龙在田',德施普也。'终日乾乾',反复道也。'或跃在渊',进无咎也。'飞龙在天',大人造也。"①意思是:龙已出现在人间,犹如阳光普照,天下人普遍得到恩惠。一直自强不息,是为避免出现吉凶反复,不敢有丝毫大意。至于龙或腾跃而起,或退居深渊,都不必再担心。因为能审时度势,故进退自如,不会有危害。"飞龙在天",象征德高势隆的大人物一定会有所作为。儒家明显具有泽被苍生的进取意识。

孟子谓宋勾践曰:"子好游乎?吾语子游。人知之,亦嚣嚣;人不知,亦嚣嚣。"曰:"何如斯可以嚣嚣矣?"曰:"尊德乐义,则可以嚣嚣矣。故士穷不失义,达不离道。穷不失义,故士得己焉;达不离道,故民不失望焉。古之人,得志,泽加于民;不得志,修身见于世。穷则独善其身,达则兼善天下。"②孟子对宋勾践说:你喜欢游说各国君主吗?我告诉你怎样游说吧。别人理解你,你自得其乐;别人不理解你,你也自得其乐。宋勾践问:怎样才能如此自得其乐呢?孟子说:只要尊重德、喜欢义,就可以自得其乐了。所以仁人志士再穷困也不失义,再怎么发达也不离道。穷困不失义,所以仁人志士能自得其乐。发达了也不离道,所以百姓不会失望。古时候的人,如果得志,就会惠泽万民;如果不得志,就修养自身以待开明盛世。穷困时独自善养自身,发达时善养天下万民。孟子的话说通俗点就是:若一个人运气来了,事业兴旺了,飞黄腾达了,发了大财,做了大官,有了权力或财富之后,就应该思考如何造福天下百姓。若一个人命运不济或遇人生的逆境,或身逢乱世,同样也要加强自身修养,增加学识,以待"达"时显于世善

---

① 李学勤主编:《周易正义》,北京大学出版社,1999年,第11页。
② 《孟子·尽心章句上》。

天下。如同《三国演义》中的诸葛亮，出山之前，就隐居南阳，躬耕陇亩。虽不得志，但他的人生目标很清楚，那就是"苟全性命于乱世，不求闻达于诸侯"，就是说没有必要在乱世中到各个诸侯中去扬名，追求富贵显达；在乱世之中，只要能够洁身自好，保全自己，平平安安地过一生，这也就足够了。这只是诸葛亮穷困潦倒时的想法，基本契合孟子"穷则独善其身"之说。当他遇到刘备"三顾茅庐"，真心诚意地请他出山打拼一番事业时，时来运转，他做到了"鞠躬尽瘁，死而后已"，帮助刘备取得"三分天下"的局面，且把整个蜀国治理得井井有条。

虽不能说诸葛亮就是"兼济天下"，但他"达"时有协助刘备平治天下之心，从他的视角就是践行孟子"达则兼善天下"的理论。孟子"穷则独善其身，达则兼善天下"精炼地表达了儒家处世的政治选择和人生态度，成为两千多年来中国知识分子立身处世的座右铭。"穷则独善其身"蕴含进退之间的无奈与坚守，以及儒家通权达变的思想方法和精神气度。"达则兼善天下"表达了儒家的

精神追求和济世的理想境界。穷困时无奈而不消沉,坚守待境变。顺达时不仅要有高尚的情操,还必须有平治天下的理想与追求。孔子说"天下有道则见,无道则隐"①,天下有道就出来做官,天下无道就隐居不出。"用之则行,舍之则藏"②,被任用,就将治国平天下的大道推行于世;不被任用,就将治国平天下的大道,藏之于身。孔孟倡导的处世之道,传递的是正能量,彰显豁达的人生境界。

第七节　贤者在位　能者在职

从古至今,用人都是治国理政首先需要考虑和解决的问题。用什么样的人,如何用人,事关国家发展、政权稳定、吏制清明以及民心向背,是政治兴衰的晴雨表,也是国家兴衰之根本。孟子曰:"仁则荣,不仁则辱;今恶辱而居不仁,是犹恶湿而居下也。如恶之,莫如贵德而尊士,贤者在位,能者在职;国家闲暇,及是时,明其政刑。虽大国,必畏之矣。"③孟子说:行仁政者就会获得荣耀,行暴政者就会遭受耻辱;如今有人憎恶耻辱而又不行仁政,就好像是憎恶潮湿又居住在沼泽地一样。如果想摆脱耻辱,没有比重视仁德而尊崇贤士更重要,使贤明的人有相应的官位,让能干的人担任一定的职务。在国家无内忧外患时,趁此时机,修明政治法典。纵使邻有大国,也必然会畏惧它。孟子强调:贤德的人应居于掌权的地位,有才干的人要委以重任。所谓"贤",通俗地说就是有较高的道德素养,有一定的精神品位,这其中就必须包括有理想有抱负、胸怀万民、办事公正。若有高于一般人的特殊智慧、特殊本领那就更好。与贤者相辅的就是"能者",即有很高或较高本领的人。能者在职,根本的一条是忠于职守、勤于职业、精于职事,不渎职、不误职、不违职,不滥用职权。中国古代在处理人和事的问

---

① 《论语·泰伯》。
② 《论语·述而》。
③ 《孟子·公孙丑章句上》。

题上,强调"贤者在位",就是说要由贤者去当一个群体的最高领导者,方可气清政廉;"能者在职",要求让能者治国理政,确保低成本高效率,政通人和,事业兴盛。现实中,人们都希望贤者与能者皆一人兼之,说明社会发展需要贤能兼备之人,而且这样的人现实中也确实存在,但在大多数的情况下不会成为普遍现象。因此在尊重贤者与能者的同时,要理解孟子在"贤"和"能"排序上的讲究,"贤"先于"能","贤"不一定非常"能",但"能"必须"贤"。"贤者在位,能者在职",把话说得通俗点就是:各级领导干部,特别是决策者,首先必须是贤者,若不贤,就会使之管辖的范围内,风不正,气不清;一旦私欲泛滥,就会任人唯亲、拉帮结派,最终必然断送自己的前程,危害社会,祸害万民。识人用人,公允的标准是要德才兼备。春秋时期法家代表人物管仲曾提出选人用才三要素:"一曰德不当其位,二曰功不当其禄,三曰能不当其官。"①若

①　黎翔凤:《管子校注》,中华书局,2004年,第59页。

第八章 孟子人生智慧

让品德高尚、有学识的人处低位,就是人才的浪费;若让品德低下、无学识的人处高位,就会误国误事;无功劳者享受厚禄,有功劳的人就得不到激励;无才能的人担任要职,有才能的人就会被埋没。荀子云:"用圣臣者王,用功臣者强。"①任用圣明的臣子就能称王天下,任用功劳卓著的臣子国家就会强盛。就是说重用忠于事业、能团结人、亲近百姓、受人信任、能战胜各种困难的人,就能让天下太平,百姓安居乐业;重用忠于事业、热爱百姓、推行法治、与时俱进的人,就能使国家强大。这与孟子"贤者在位,能者在职"是一个道理,是倡导任用德才兼备的人。换言之,一个人要想有位,必须品德高尚、学识超群;堪当重任者,除了贤德之外,还必须能干、肯干、会干。这就要求我们在重视德性修养的同时,增益学识,提高能力,既贤又能方可有大作为。

用德才兼备的人是最佳的用人状态,但现实生活中,德才往往难以兼得。北宋政治家司马光云"才者,德之资也;德者,才之帅也"②,才是德的辅助;德是才的统帅。德与才之间是统帅与被统帅的关系:"才德全尽谓之圣人,才德兼亡谓之愚人,德胜才谓之君子,才胜德谓之小人。自古昔以来,国之乱臣,家之败子,才有余而德不足,以至于颠覆者多矣。"③才有余而德不足的小人,在危难时,必然祸乱朝政。齐桓公本是一代有为之君,在贤相管仲和鲍叔牙的辅佐下,成为春秋时期的第一位霸主,而至晚年则意志衰退,宠妾用奸。管仲病危时,桓公曾问管仲,群臣中谁能胜任宰相? 管仲没有直言。桓公问易牙如何? 管仲说:"杀子以适君,非人情,不可。"④人情莫过于爱子之情,易牙杀儿子为君王做肉羹以取宠,这种人是靠不住的。桓公又问开方怎样? 管仲说:"倍亲以适君,非人情,难近。"⑤人情

---

① 张觉:《荀子译注》,上海古籍出版社,1995年,第273页。
② 〔宋〕司马光:《资治通鉴》,中华书局,1976年,第14页。
③ 〔宋〕司马光:《资治通鉴》,中华书局,1976年,第14页。
④ 〔汉〕司马迁:《史记·齐太公世家》,载《二十四史》简体字本,中华书局,2000年,第1253页。
⑤ 〔汉〕司马迁:《史记·齐太公世家》,载《二十四史》简体字本,中华书局,2000年,第1253页。

莫大于父母之情,开方以卫国公子的身份来齐国,父母去世也不回国奔丧,这人是不孝,不孝之人是不可能忠诚的。桓公再问竖刁行不行？管仲说:"自宫以适君,非人情,难亲。"①人情莫过于爱己之情,竖刁自阉以求宠,这种人不可能有忠心。管仲对桓公的三个近臣作了入木三分地剖析,揭露三个近臣的所作所为不近情理,暗藏不臣之心,不可委以重任。管仲死,桓公不纳管仲言。公元前643年,桓公重病不起,易牙、竖刁趁机发动宫变,把桓公囚于宫中不让其进食,桓公最终被饿死。易牙、竖刁秘不发丧,桓公的尸体一直在床上放了两个多月,尸蛆爬出宫门之外,可悲至极。这是古代用人不当的典型案例。

有贤德的人居于掌权的地位,有才干的人担任合适的职务,是国家政治清明的显现。孟子所言"贤者在位,能者在职"就是强调任人惟贤,任人惟才。南宋思想家陈亮云:"贤者在位,能者在职,而无一民之不安,无一物之不养,则大有功之验也。"②若能实现贤者在位,能者在职,百姓就能安享幸福,万物生长,天人合一。近代政论家邹韬奋曾言:"中国古训,贤者在位,能者在职,是知今日政治,人事之更张,刻不容缓。"③都是申发孟子"贤者在位,能者在职"。

第八节　有不为方可有所为

清代文学家彭端淑云:"天下事有难易乎？为之,则难者亦易矣;不为,则易者亦难矣。"④天下的事情有困难和容易的区别吗？只要做,那么困难的事情也容易了;如果不做,那么容易的事情也困难了。"为"作动词,意思是做和干。孟子曰:"人有不为也,而

---

① 〔汉〕司马迁:《史记·齐太公世家》,载《二十四史》简体字本,中华书局,2000年,第1253页。
② 〔宋〕陈亮:《陈亮集》,中华书局,1987年,第101页。
③ 邹韬奋:《抗战以来·三谈抗日各党派对宪政的要求》,韬奋出版社,1941年,第120页。
④ 李朝正:《彭端淑诗文注》,巴蜀书社,1995年,第464页。

第八章 孟子人生智慧

后可以有为。"①意指人要舍弃一些事情不做,或暂时不做,然后才能成就一番事业。强调人要审时度势,决定取舍,选择重要的事情去做,而不做或暂时不做某些事情。因为人的精力是有限的,只有放弃一些事情不做,才有可能在别的事情上做出成绩。所谓的"不为"是指不要"妄为",就是做事不要超越自己的精力、能力,不要违背客观规律蛮干。也就是要求人的一切行为都要顺应和服从自然发展规律,不能逆"势"而为。孔子所说"用之则行,舍之则藏"②,原意是指要注意个人发展的时机,即有机会就推行,没有机会和条件就隐藏,也是重视客观条件。所谓"用之则行"的"用",就是具有了发挥个人才能的条件,所谓"舍之则藏"的"舍",就是客观条件不具备,个人能力和主观能动性无法尽情发挥时,就要暂时"藏"。

人的潜力无限,但在一定时间内能运用的精力毕竟有限。一

---

① 《孟子·离娄章句下》。
② 《论语·述而》。

个人可以有很多目标和理想,但真正能实现的理想并不多。所以,我们就要认清自己的主要目标,抓住主要矛盾,集中优势兵力,重点攻关,才能有所突破,这是有所为;对于次要的,能做的就做,做不到的就不要太苛求,或暂时不做,这是有所不为。需要注意的是:有所不为并不是什么都不做,"不为"是为了"有为","不为"只是策略性的取舍而已,此"不为"是为彼"有为","不为"只是腾出有限的时间和空间,为实现大"有为"创造条件。

明末清初文学家、史学家张岱云:"不知不可为而为之,愚人也;知其不可为而不为,贤人也。"[①]"有所为,有所不为"是一种认识能力的显现,也是一种境界、一种智慧。不知道这事不该做而做了,是愚蠢的人。知道不该做的事不去做,是富有智慧的人。"有所为有所不为"是一种明智取舍,它时常警醒人们要正确抉择"为"与"不为"。在"为"与"不为"之间,我们必须做出选择,否则为与不为就不仅仅是态度问题,而是影响人生目标和成败问题。世界上可学、可做的事情很多,一个人不可能样样都学,事事都做,什么都想学,什么都想做的人,往往什么都学不好做不好。所以我们应该学会取与舍,人的时间、精力、知识、能力有限,不管是学与做,只有在明智的取与舍的基础上,才能专心致志地学好自己感兴趣和必需要的知识,做自己能干、想干且可以干的事情,这样才能有所作为,才能成就一番事业。人生苦短,世事茫茫,能成大事者,贵在目标与行为的选择。如果事无巨细,事必躬亲,必然陷入忙忙碌碌之中,成为碌碌无为的人。所以,一定要舍弃一些事不做,然后才能成就大事,才会有大作为。真正明智的选择是:知其不可而不为。唯其如此,才能在可为之事中大有作为。"知其不可而不为"绝不是一种退缩或逃避的消极行为,恰恰相反,这是一种积极的有为姿态,是为了避免不必要的浪费和牺牲,是为了迎接不可回避挑战的明智之举。现实生活中,只有那些德才兼备、智勇双全、作风务实的人才能恰如其分地做到有所为和有所

[①] 〔明〕张岱:《四书遇》,浙江古籍出版社,2014年,第283页。

不为。知其不可为而不为,是理性的反应,是睿智的表现。

孔子曰:"虽小道,必有可观者焉,致远恐泥(阻滞),是以君子不为也。"①即使是小的技艺,也一定有可取之处,但对远大的事业恐怕就行不通了,所以君子不从事这些小技艺。儒家所说的"不为"是为了"有为",只不过是要有所选择而为,要想有所成就,就必须依据个体喜好、自身综合条件、客观环境和未来趋势作出"不为"和"为"的可行性选择,不能贪多求全。故《大学》亦云:"知止而后有定,定而后能静,静而后能安,安而后能虑,虑而后能得。物有本末,事有终始。知所先后,则近道矣。"②意思是:知道应达到的境界才能够志向坚定;志向坚定才能够镇静不躁;镇静不躁才能够心安理得;心安理得才能够思虑周详;思虑周详才能够有所收获。每样东西都有根本有枝末,每件事情都有开始有终结。明白了这本末始终的道理,就接近事物发展的规律了。宋代大儒朱熹云:"唯能有不为,是以可以有为。无所不为者,安能有所为耶?"③一个人能够做什么,可以看出他的才能;而不肯做什么,却能见证他的品格。尊重规律,把握事物发展趋势,顺势取舍,以"不为"而成就"有为",这就是孟子给我们的启示。

第九节 生于忧患 死于安乐

孟子曰:"入则无法家拂士,出则无敌国外患者,国恒亡。然后知生于忧患而死于安乐也。"④意指:一个国家,如果在国内没有坚守法度的大臣和足以辅佐君王的贤士,在国外没有与之匹敌的敌手,就常常会有覆灭的危险。这样,就知道忧愁祸患足以使人生存,安逸享乐足以使人灭亡的道理了。

"生于忧患",强调一个人要成就大事,一定要经历许多艰难

---

① 《论语·子张》。
② 李学勤主编:《礼记正义》,北京大学出版社,1999年,第1592页。
③ 〔宋〕朱熹:《四书章句集注》,齐鲁书社,1992年,第113页。
④ 《孟子·告子章句下》。

困苦的磨炼,只有经历艰难困苦,经风雨、见世面,才能磨炼意志、增长才干,担当大任。命运的挫折,身心的磨难,不仅能够磨砺人的意志,增长人的才干,还能使人更快成长,更加成熟,能成就人的事业。上天如果要把重大的使命放到一个人的肩上,往往要先磨练他的意志,锻炼他的筋骨,还要让他经受缺吃少穿、穷困潦倒之苦,这样,才能使他适应各种艰难困苦的环境,为将来建功立业奠定坚实的基础。

"死于安乐",说明安逸享乐,在温室里成长,则不可能养成克服困难、摆脱逆境的能力,会在困难面前束手无策,遇挫折、逆境则消沉绝望,甚至一蹶不振。"入则无法家拂士,出则无敌国外患者,国恒亡",如果一个国家,在内没有能干的大臣时时注意修明法度,没有敢于直谏的贤士处处提醒国君;在国外又没有足以与自己的国家抗衡、对自己的国家构成威胁的敌国,那么在这种宽松平和的国度里,国君就有可能整日沉湎于安乐,其结果也往往就是国家的灭亡,这就是"死于安乐"的含义。

第八章 孟子人生智慧

忧患可以使人发奋,安乐可以松懈斗志;逆境中求生,顺境中灭亡,这就是人生的辩证法,这就是生活的哲理。"生于忧患而死于安乐",是孟子提出的体现儒家奋发有为、积极用世思想的著名论断。宋代思想家张载云:"富贵福泽,将厚吾之生也;贫贱忧戚,庸玉汝于成也。"①富贵福泽固然是天地对我的厚爱,贫贱忧戚也是老天爷对我的眷顾。富贵福泽可以使我们生活得更好,也是人们的普遍追求。贫贱忧戚,则是人们所不愿接受的。但张载却说贫贱忧戚"玉汝于成",就是强调贫贱忧戚能为人们提供取得成功的机会。人们都希望一帆风顺,心想事成,万事如意,孟子却说"生于忧患而死于安乐";人们不愿贫贱忧戚,张载却说这是"玉汝于成",二者思想是一致的,包含着深刻哲理,体现了中国古代圣哲的人生智慧。它告诉人们一个道理:人生不是康庄大道,总是会遇到种种艰难曲折,要在不断经历失败和挫折、不断克服困难的奋斗中前进。正是这样的人生智慧,指引人们把困难和逆境看作激励自己奋进的动力,自觉地在困难和逆境中磨炼自己,愈挫愈奋,愈挫愈勇,不屈不挠地去争取胜利,铸造了中华民族不畏艰险、自强不息的精神。

孟子"生于忧患而死于安乐"之论是有其产生的时代背景的。春秋战国时期,战乱纷争,一个国家要想立于不败之地,就不能安于现状、不思进取,就要奋发图强。一个人若安逸享乐,没有克服困难、摆脱逆境的能力,会在困难面前束手无策,遇挫折就消沉绝望,就如同立于坍墙之下,随时有生命危险。所以孟子说"生于忧患而死于安乐",是提醒人们,不管什么时候,都应该有忧患意识,居安思危,方可长盛不衰;若安于现状,今朝有酒今朝醉,明天醒来再琢磨,那就有可能终身忧愁,困顿一生。

忧患可以使人发奋,安乐可以松懈斗志;逆境催人求生,顺境有灭亡危险,这就是人生的辩证法,这就是生活的哲理。这也是

---

① 〔宋〕朱熹:《西铭解》,载《朱子全书》第十三册,上海古籍出版社、安徽教育出版社,2002年,第144页。

儒家奋发有为、积极用世思想的体现。

"生于忧患,死于安乐",充满人生智慧,道常人所不能道,立论高远,见解卓越,哲思深邃,发人深省。

第十节　仁者爱人　礼者敬人

汉代许慎《说文解字》云:"仁,亲也。从人,从二。会意。"①就是说,"仁"表达的是一种人与人之间相亲相爱的关系。"仁"是儒家思想的核心,《论语》中"仁"字出现频率极高,在孔子看来,"仁"的本质是"爱人",其基本表现是孝悌,然后由孝悌推广到怎么对待众民。因为孝,便不犯上作乱;因为悌,己所不欲勿施于人。在此基础上,再概括提升就是忠恕。所谓夫子之道,一以贯之,忠恕而已。"忠"由"孝"来,"恕"由"悌"来,再推而广之,就是爱民。所

---

① 〔清〕段玉裁:《说文解字注》,上海古籍出版社,1988年,第365页。

以,孔子的人生理想就是"老者安之,朋友信之,少者怀之"①,就是"博施于民而能济众"。孔子倡导礼乐治国,但礼乐是政治层面,落实到具体的个人,就必须以"仁"的伦理来规范,所以他说"人而不仁,如礼何？人而不仁,如乐何？"②他认为,"苟志于仁矣,无恶也"③,仁是为人的根本。所谓君子当"据于德,依于仁"④,当"仁以为己任"。仁的修养途径,关键是自己的主观愿望,"我欲仁,斯仁至矣"⑤。仁,就在心中,仁,应该是发自内心的要求。

　　仁者爱人,仁者充满慈爱之心,仁者具有大智慧。仁爱存而养之,人间自然如处天堂,家庭和睦,朋友相亲,众人相爱。舍仁弃爱,地狱就在人间,人与人尔虞我诈,永不知足,众叛亲离。所以君子见邪僻,唯恐避之而不及,小人见邪僻,却狂傲自恃不以为然。孟子曰:"君子所以异于人者,以其存心也。君子以仁存心,以礼存心。仁者爱人,有礼者敬人。爱人者,人恒爱之；敬人者,人恒敬之。有人于此,其待我以横逆,则君子必自反也:我必不仁也,必无礼也,此物奚宜至哉？其自反而仁矣,自反而有礼矣,其横逆由是也,君子必自反也,我必不忠。自反而忠矣,其横逆由是也,君子曰:'此亦妄人也已矣。如此,则与禽兽奚择哉？于禽兽又何难焉？'是故君子有终身之忧,无一朝之患也。"⑥孟子说:君子之所以不同于一般人,是因为君子能存心养性。君子用仁德、用礼修养心性。具有仁德的人就爱别人,具有礼仪的人就尊敬别人；爱别人的人,人们总是爱戴他；尊敬别人的人,人们总是尊敬他。假如这里有个人,他对我蛮横而不讲理,如果是君子就会自我反省:"我必然有爱心不够的地方,必然有尊敬别人不够的地方,不然这种情况怎么会出现呢？"他自我反省而达到仁爱,自我反省而达到敬人的程度,如果那人仍然是蛮横而不讲理,君子又

---

① 《论语·公冶长》。
② 《论语·八佾》。
③ 《论语·里仁》。
④ 《论语·述而》。
⑤ 《论语·述而》。
⑥ 《孟子·离娄章句下》。

会自我反省:"我必然有不诚挚的地方。"自我反省而达到忠诚,那人蛮横而不讲理的情况仍然如是,君子就会说:"这人无非是个狂妄之徒而已,这样的人,跟禽兽有什么区别呢?对禽兽又有什么可责难的呢?"因此,君子有长期的忧虑,但却没有短时的祸患。孟子这是劝人互爱互敬,同时又强调个人修养中的反躬自省。当别人对自己不尊重时,就要自我反省,一定是自己对别人没有至诚的恭敬心,一定是自己做得不够好。君子视善、言善、行善,博学于文,守之以礼,至善仁生,仁而爱人,能与天地并立。孟子所说的君子的这种心态,是积极的待人接物心态。

　　仁爱是人人皆可为的,无贵贱男女之分。自古言仁爱之理,自天子以至于庶人,都不可废弃。天子去仁,国家昏乱;庶人去仁,家庭纷争。君子"有均无上亦无下",所有人在仁者的眼中都是平等的,没有高下贵贱之分。这才是真正博爱的体现,仁者不关注贵贱老幼,仁者眼中只关注仁与不仁。不仁者祸害自己与身边的人,仁者能够成就别人同时成就自己。仁爱在实践中是任道重远的,需严格遵循"礼"的规范,时时检查、规范自己的身心,即便在没有人的地方也能够如同在大庭广众之下一样不懈怠不放纵。"礼"的作用是在邪僻之心没有产生之前就将之遏制在萌芽状态。仁的体现,就是礼,所谓"非礼勿视,非礼勿听,非礼勿言,非礼勿动"①。正心、正视听,是具有真正慈悲和博爱精神的人才能做到的。倘若一个人说自己是仁爱的,却不知道把守自己的眼、耳、口和四肢,做不到杜绝邪僻,放任自己的私欲去观看邪僻的事物,听闻邪僻的信息,说邪僻的话,触碰不该触碰的东西,而不知羞耻,还能自以为乐,那就是邪恶之徒。从本质上讲,每个人都可成为圣贤,但同样也都可以成为小人。区别就在于言行上,圣贤在细微处见精神,显仁爱,即便是小事也不放纵自己的身心。诚心守善,体现在外就给人以温纯敦厚的感觉,言语祥和并能抚慰人心,行事践仁合礼,众人都能受其感化,愿意亲近他。

---

① 《论语·颜渊》。

第八章　孟子人生智慧

　　仁的根本是什么？子曰："弟子入则孝，出则悌，谨而信，泛爱众而亲仁。行有余力，则以学文。"①意思是：弟子们在父母跟前，就孝顺父母；出门在外，要顺从师长，言行要谨慎，要诚实可信，寡言少语，要广爱众人，亲近那些有仁德的人。这样躬行实践之后，还有余力的话，就再去学习文化知识。仁者，是聪明的人，因为他有智慧；仁者，是善良的人，因为他博爱；仁者，是人格魅力无限的人，因为他的言谈举止深刻地影响着周围的人。仁者爱人，从爱父母开始。对于礼和敬，我们要寻求外在和内在的统一，礼和敬中包含着对人性的坚守，对生命的尊重，有了这种内在的信念，我们就会自发地愿意接近他人，尊重他人。《朱子语类》有云："仁者，爱之理；爱者，仁之事。仁者，爱之体，爱者，仁之用。"②意思是：仁是爱的理论；爱是仁的实践。仁是爱的本体，爱是仁在生活中的显现与表达。

　　"仁"是儒家思想的内核，而"礼"则是"仁"的外在表现，是行为准则。孔子曰："能以礼让为国乎？何有？不能以礼让为国，如礼何？"③孔子说：能够用礼让原则来治理国家，那还有什么困难呢？不能用礼让原则来治理国家，怎么能实行礼呢？那么何谓"礼"？东汉刘熙《释名》曰："礼，体也。言得事之体也。"④礼是为人处事的根本，也是人之所以为人的一个标准。故孔子曰："不学礼，无以立。"⑤孟子言"有礼者敬人"⑥，就是希望人们不做有碍建立人与人之间相互亲爱关系的事，不做违背社会行为规范的事。这也与孔子所说的"非礼勿视，非礼勿听，非礼勿言，非礼勿动"⑦意思是一样的。换句话说，人人都遵守一定的社会行为规范，才

---

① 《论语·学而》。
② 〔宋〕黎靖德编：《朱子语类》，载《朱子全书》第十四册，上海古籍出版社、安徽教育出版社，2002年，第692页。
③ 《论语·里仁》。
④ 〔汉〕刘熙著，〔清〕王先谦补校：《释名·释言语第十二》，中华书局，2008年，第110页。
⑤ 《论语·季氏》。
⑥ 《孟子·离娄章句下》。
⑦ 《论语·颜渊》。

能构建相互亲爱的关系。因为共同的行为规范能使人与人之间的关系趋于一致,而在一致的思想和行为上,人与人之间也就很容易相处了。人是社会的、群体性的动物,人只能与人生活在一起才能算是个人。若不能与其他人和谐共处,也就算不上真正的"人"。换言之,每个人要用智慧,用信誉,遵守一定的社会行为规范,用最佳的行为方式,实现人与人之间的相互亲爱,这样才能感受到幸福和快乐。道理并不深奥,可以说是不言而喻。关键是要"思"然后"动",如果人人都有这种行动的热情,人际之间的矛盾纠葛就少了,许多事情就好办得多了,社会的文明程度就会大大提高。就像流行歌曲所唱的那样:人人都献出一点爱,世界将变成美好的人间。让这世界有真心的爱,让这世界充满情和爱!如果我们能牢记孟子的谆谆教诲,多一点反躬自省,世界将会更加美好。

孟子"存心养性"、"立志养气"、"反求诸己"、"知耻改过"、"磨练意志"之言,主要是启迪有志者修德成才;孟子"穷则独善其身,达则兼济天下"、"贤者在位,能者在职"、"有所不为也,而后可以有为"、"生于忧患而死于安乐"、"爱人者,人恒爱之;敬人者,人恒敬之"之说,侧重启发贤能之人成就事业、平治天下。孟子人生智慧泽被后世,闪烁古今。

结　语

孟子曰:"言近而指远者,善言也;守约而施博者,善道也。君子之言也,不下带而道存焉;君子之守,修其身而天下平。"①孟子指出:言语浅近而意义深刻的,是善言;操守简要而影响广大的,是善道。君子言语,讲的虽是平常事,但道理就在其中;君子的操守,修养自身而能使天下太平。孟子强调"言"务"近"而"指"务"远"。"言近而指远"并非专门讨论文学艺术,孟子在这里主要谈"君子"的操守问题,那就是要"善言"、"善道"。孟子所说的"言近",就是希望君子不仅要言善,还要用通俗易通的语言表述出来;但同时要"指远",就是要蕴涵启迪读者、发人深省的道理。"言近"是对君子作文的基本要求,也是君子以"辞"达"志"的必由之路,而"指远"才是君子"言近"的目的。

《孟子智慧》一书,力求语言浅近,贴近现实生活,探寻《孟子》精蕴,旨在让更多的人了解孟子之"指远",启迪贤者修身、齐家、立业、兼善天下,让孟子智慧之光照耀有志者的人生之路。孟子思想博大精深,非一人一时所能了然圣心,只能"窥一斑"而无法"知全豹"。所以欲"知全豹"者,还需精研《孟子》本文,方可得其真谛。

《孟子》是中华文化宝库中的瑰宝,具有丰富的思想资源,就像一座取之不尽用之不竭的稀有矿藏,不同时代的人,根据需要,可以从中挖掘出利国利民的宝藏。美国的中国学家安乐哲(Roger T. Ames)称孟子思想为"普世伦理",也就是说孟子思想影响古、今、中、外。换言之,孟子思想影响昨天、今天,还将光耀明天。

---

① 《孟子·尽心章句下》。

参 考 文 献

[1] 杨伯峻：《孟子译注》，中华书局，1960年。
[2] 李学勤主编：《十三经注疏》，北京大学出版社，1999年。
[3] 〔宋〕朱熹：《四书章句集注》，齐鲁书社，1992年。
[4] 董洪利：《孟子研究》，江苏古籍出版社，1997年。
[5] 南怀瑾：《孟子旁通》，复旦大学出版社，1996年。
[6] 张奇伟：《亚圣精蕴》，人民出版社，1997年。
[7] 王其俊：《亚圣智慧》，山东人民出版社，1996年。
[8] 杨国荣：《孟子评传》，广西教育出版社，1994年。
[9] 杨国荣：《善的历程》，上海人民出版社，1994年。
[10] 赵杏根：《孟子讲读》，华东师范大学出版社，2008年。
[11] 傅佩荣：《孟子的智慧》，中华书局，2009年。
[12] 李明辉：《孟子重探》，台北联经出版事业公司，2001年。
[13] 许登孝：《孟子导读》，四川辞书出版社，2003年。
[14] 杨泽波：《孟子与中国文化》，贵州人民出版社，2000年。

附录一

孟 子 赞

刘瑾辉

邾娄孟子,仲尼是尊;道统儒学,亨奉亚圣。
诸侯纷争,游说王道;德教沉沦,期仁永照。
霸道滥猖,圣学不炎;授徒传道,敷叙七篇。
民贵君轻,社稷永年;能者在职,任人唯贤。
勿违农时,五谷殷足;薄税轻赋,富民强国。
仁义礼智,善端人性;天人合一,敬若神明。
修齐治平,圣哲善睐;威武不屈,丈夫气概。
蒙学庠序,典掌人伦;因材施教,英隽星辰。
知人论世,沟通心灵;知言养气,守正出新。
忧以黎民,胸怀宇内;平治天下,舍我其谁。
亚圣思想,四海共韶;经世伦理,古闪今烁。
富强民主,梦思悠悠;自由平等,时代诉求。
文明和谐,华夏共建;公正法治,民族理念。
爱国敬业,中华美德;诚信友善,举国奏龠。
欣逢盛世,人和政慧;安居乐业,小康社会。
古邑邹城,物阜文耀;尊道举贤,世代永昭。

注:该文由旅台孟子76代孙孟令继于2015年4月29日在邹城孟庙祭孟大典上吟诵。

附录二

孟 母 赞

刘瑾辉

舐犊之念,母爱如山;懿惟孟母,克教勿耽。
养育兼善,劬劬教子;勉学垂范,名扬青史。
三迁择邻,圃园祎祎;母教孕圣,昊天罔极。
杀豚勿欺,言必有行;言传身教,张扬诚信。
操刀断织,砺志勤勉;寓教于喻,学致恒远。
崇奉节义,勿辞小善;信实爱人,仁道如兰。
慎始善行,博学颙颙;母惠子贤,亚圣翀翀。
望子成杰,龙飞有日;呕心沥血,天下足式。
慈母挚情,烁烁蕙蕙;凯风寒泉,寸草春晖。
贤哉孟母,训子忠孝;懿哉孟母,育儿尚道。
伟哉孟母,万世共誉;尊哉孟母,流芳千古。
方今中华,百业苍劲;国倡圣学,民崇诚信。
仁义孝悌,和睦笃亲;尊老爱幼,友善礼逊。
循循善诱,学子莘莘;崇德重教,栋梁晟晟。
邹鲁圣地,母教之源;维桑与梓,游子眷眷。
敬如神灵,尊若泰山;华夏儿女,母恩永瞻。

注：该文由旅台孟子76代孙孟令继于2015年4月29日在邹城孟庙祭孟大典上吟诵。

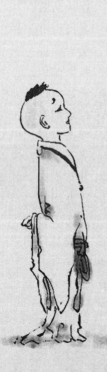

孟母教子

图书在版编目(CIP)数据

孟子智慧/刘瑾辉著;刘鋆图.—上海:复旦大学出版社,2018.11(2019.10 重印)
ISBN 978-7-309-14001-9

Ⅰ.①孟… Ⅱ.①刘…②刘… Ⅲ.①儒家②《孟子》-通俗读物 Ⅳ.①B222.5-49

中国版本图书馆 CIP 数据核字(2018)第 240450 号

孟子智慧
刘瑾辉 著 刘鋆 图
责任编辑/王汝娟

复旦大学出版社有限公司出版发行
上海市国权路 579 号 邮编:200433
网址:fupnet@fudanpress.com http://www.fudanpress.com
门市零售:86-21-65642857 团体订购:86-21-65118853
外埠邮购:86-21-65109143 出版部电话:86-21-65642845
上海崇明裕安印刷厂

开本 890×1240 1/32 印张 6.625 字数 163 千
2019 年 10 月第 1 版第 3 次印刷

ISBN 978-7-309-14001-9/B·682
定价:55.00 元

如有印装质量问题,请向复旦大学出版社有限公司出版部调换。
版权所有　侵权必究